출근길
심리학

직장에서 꺼내 보는 50가지 상황별 심리 솔루션

출근길 심리학

에노모토 히로아키 지음 | 이은혜 옮김

KMAC

'비즈니스 심리학'이라고 하면 머릿속에 구체적인 이미지가 떠오르지 않을 수도 있다. 업무 능력을 높이려고 경제학 또는 경영학을 공부하거나, 영업과 경영관리에 관한 자기 계발서를 읽는 사람은 많아도 심리학을 공부하는 사람은 많지 않다.

하지만 그래서 심리학 공부로 얻는 이점이 더 크다고 할 수 있다. 심리학은 다양한 비즈니스 상황에 깊이 연관되어 있기 때문이다.

예컨대 일할 생각이 별로 없는 것 같은 직원의 의욕을 높여주는 것도, 좀처럼 일할 맛이 안 날 때 분발할 수 있게 하는 것도 모두 심리학적 문제다.

인사평가에 대한 불만은 어느 회사에나 있기 마련인데, 어째서 불만이 생기는지, 어떻게 하면 불만을 해결할 수 있는지도 심리학의 범주에 들어간다.

직장인의 가장 큰 스트레스 원인이 인간관계라고 하는데, 실제로 직장 내 인간관계는 정말 골치 아픈 문제다. 하지만 이런 까다로운 인간관계 뒤에 숨은 심층 심리를 이해하면 스트레스가 상당히 감소한다.

그리고 조직 운영에 골머리를 앓는 회사 경영자와 관리자가 많은데, 사실 효과적인 리더십이나 조직 내 의사결정에 따른 위험 요인을 방지하는 데도 심리학이 많은 도움을 준다.

그들에게 가장 중요한 문제는 어떻게 하면 매출을 올릴 수 있는가이다. 그래서 항상 마케팅 방법을 고민하는데, 심리학 지식은 이때도 여기저기에 다양한 형태로 관련된다.

다시 말해 비즈니스란 마음을 가진 사람이, 마음을 가진 사람과 함께, 마음을 가진 사람을 상대로 벌이는 행위이므로, 마음의 법칙을 해석하는 심리학은 다양한 비즈니스 상황과 연관될 수밖에 없다.

다양한 비즈니스 상황에서 활용할 수 있는 심리학 지식을 모아서 엮은 이 책은 누구나 실천할 수 있는 방법을 제시하고자 한다. 이를 구체적인 비즈니스 상황에서 실제로 활용할 수 있는 방법을 Q&A 형태로 풀어냈다.

비즈니스 심리학을 표방한 책이 나오고 있지만, 과학적 근거가 부족한 경우가 많다. 이 책은 비즈니스 심리학의 올바른 지식을 익혀 실제 비즈니스에 응용할 수 있도록 과학적 증거를 바탕으로 하였다.

전체 5장으로 구성되어 있지만 목차를 보고 특별히 관심이 가는 부분부터 읽어보기 바란다. 분명 당신의 비즈니스에 활용할 수 있는 힌트를 찾을 수 있을 것이다.

이 책을 통해 비즈니스 심리학이라는 무기를 손에 넣고 다양한 비즈니스 상황에서 맞닥뜨리는 문제를 해결하는 데 활용하기 바란다.

2020년 6월
에노모토 히로아키

Chapter 1 _ 의욕의 심리학
어떻게 하면 의욕을 높일 수 있을까?

Chapter 2_ 인사평가의 심리학

어떻게 하면 불만을 해결할 수 있을까?

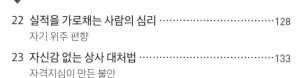

Chapter 3 _ 인간관계의 심리학

어떻게 하면 복잡미묘한 관계에서 벗어날 수 있을까?

Chapter 4 _ 리더십의 심리학

어떻게 하면 집단을 효과적으로 이끌 수 있을까?

Chapter 5 _ 마케팅의 심리학

어떻게 하면 매출을 올릴 수 있을까?

Motivation

chapter 1

의욕의 심리학

어떻게 하면
의욕을 높일 수 있을까?

01_ 상향 비교와 하향 비교

실패담이 주는 뜻밖의 효과

Question

일을 잘 못하는 부하 직원이 있는데, 본인은 현재에 만족하는지 개선하려는 의지를 보이지 않습니다. 반면에 일을 잘하는 직원은 오히려 자기 능력에 만족하지 못하는 듯합니다. 아무래도 둘이 바뀐 것 같은데, 어떻게 하면 뒤처지는 직원의 의욕을 높일 수 있을까요?

일을 잘하는 사람은 자기 능력에 만족하지 못해 실력을 더 키우려고 자기계발에 매진하는데, 일이 서툴고 능력이 부족한 사람은 현실에 안주해 위기감도 못 느끼고 태평하게 산다. 이런 경우를 주변에서 흔히 볼 수 있다.

이유는 개인의 의욕(motivation) 차이 때문이다. 그렇지만 업무능력이 떨어지는 직원을 그냥 두고 볼 수만은 없다. 경영자나 상사는 당연히 직원이 전력을 다해 일하기를 바란다. 그렇다면 어떻게 해야 좋을까?

요즘 세상에 누가 그런 직원을 그냥 놔두냐는 냉정한 목소리가 나올 만도 하다. 하지만 여기에는 우리 마음속에 잠재된 심리가 얽혀 있어 함부로 내칠 수도 없다. 대신 그 심리를 이해하면 대응 방법이 보일 것이다.

실패담에 끌리는 이유는
친근함이 느껴져 경계심이 사라지기 때문

뜬금없는 소리로 들리겠지만, 실패담에 관해 생각해보자.

실패담에는 사람의 마음을 풀어주는 심리적 기능이 있다. 거래처에서든 회사에서든 잡담을 나누던 중에 실패담을 꺼내면 모두가 집중하고 분위기가 우호적으로 변하는 이유도 이런 심리적 기능 때문이다.

실패담을 꺼내면 분위기가 부드러워지는 이유는 무엇일까? 상대방이 '좀 부족한 사람'이라고 생각하면서도 친근함을 느끼기 때문이다. 사람은 바보 같은 실수를 털어놓는 사람을 보면 '나랑 똑같네'라고 느끼거나, '내가 낫네'라는 생각이 들면서 마음에 여유가 생긴다. 실패담이 상대방을 우쭐하게 만드는 셈이다. 그렇게 해서 경계심을 풀게 된다.

편안함을 부르는 하향비교

자기보다 밑에 있는 사람과 자신을 비교하는 행동을 하향비교라고 한다. 하향비교를 하면 '내가 더 낫다'는 생각에 마음이 놓인다.

일을 잘하는 사람, 특히 영업에서 거래처의 신뢰를 한 몸에 받는 사람은 주변의 질투를 피하고자 업무 성과를 내세우지 않도록 신경

쓸 뿐만 아니라, 자신이 얼마나 어리석은지 보여주는 일화를 기꺼이 털어놓는다. 자리를 부드럽게 만들어주는 실패담의 심리적 원리를 경험을 통해 알고 있기 때문이다. 그들은 실패담을 잘 활용해 친근함을 전면에 내세우며 상대의 마음을 파고든다.

동료들과 점심을 먹으며 담소를 나눌 때 모두가 거래처 담당자의 횡포에 화난다고 말하는데, 혼자만 자신의 거래처 담당자는 좋은 사람이고 호의적으로 대해준다고 말했다가 "지금 자랑하는 거야? 거래처에서 신뢰받고 있다는 말을 하고 싶은 거지?"라며 공격적인 태도로 비난받는 바람에 당황했던 사람이 있다.

자랑할 생각은 털끝만큼도 없었고 있는 그대로 사실을 말했을 뿐이라고 변명해봐도 배려심이 부족하다는 말만 돌아온다. 모든 사람이 그런 반응을 보이지는 않지만 위험 요소는 애초에 싹을 자르는

위를 보는 사람과 아래를 보는 사람

상향비교
자기보다 실력과 실적이 한 수 위인 사람과 비교한다.

하향비교
자기보다 실력과 실적이 한 수 아래인 사람과 비교한다.

마음 편하게 현실에 만족할 수 있다.

것이 좋다. 그저 사실을 말했을 뿐인데도 주눅 들고 열등감에 사로잡힌 사람 입장에선 자랑하는 말로 들릴 수 있다. 따라서 자랑하지 않는 것만으로는 충분치 않고 실패담이 필요하다.

실패담은 하향비교 효과를 불러와 상대의 자존심을 지켜준다. 또한 위협적인 인물이 아니라는 증거도 되고, 주눅 들고 질투가 많은 사람에게는 안도감을 주기도 한다. 이것이 바로 하향비교가 가진 힘이다.

▌의욕 넘치는 사람일수록 상향비교를 한다

따라서 하향비교, 즉 자신에게 위협적이지 않은 인물과 비교하며 안심하는 심리는 거의 모든 사람이 가지고 있다.

다만 여기에도 정도의 차이는 있다. 심리학 연구를 통해 의욕이 없는 사람일수록 하향비교를 하고, 의욕이 넘치는 사람일수록 상향비교를 하는 경향이 있다는 사실이 밝혀졌다.

잘나가는 운동선수가 우승 인터뷰에서 "저는 아직 멀었습니다"라고 말하는 이유는 자신보다 능력이 뛰어난 선수나 지금보다 높은 기록과 상향비교를 하기 때문이다. '뛰는 놈 위에 나는 놈 있다'라는 속담도 있듯이, 그들은 상향비교를 통해 더 분발하려는 것이다.

비즈니스도 마찬가지다. 의욕이 넘치는 사람은 성과를 내더라도 상향비교를 하며 자신이 아직 한참 모자라니 더 큰 성과를 내야 한다고 생각한다.

한편 의욕이 없는 사람은 자기보다 성과가 더 낮은 사람과 비교하며 '나보다 못한 사람도 있다'고 안심한다. 의욕이 넘치는 사람은 비교를 통해 더 노력해야 한다고 생각하지만, 의욕이 없는 사람은 '이 정도면 됐어'라며 금세 해이해진다.

이런 습관은 어린 시절부터 상향비교를 하며 상처받고 무력감에 빠졌던 쓰라린 경험 탓에, 더는 상처받고 싶지 않아서 생기는 경우가 많다.

따라서 의욕이 없는 사람은 간단한 기술부터 차근차근 가르치거나, '조금만 더 힘내자'며 기분을 맞춰주고 더 높은 목표로 눈을 돌릴 수 있도록 이끌어야 한다.

02 _ 성공 추구 동기와 실패 회피 동기

뛰어난 인재 밀어주기

Question

성실하고 나름대로 일도 잘하는 직원이 있는데, 중요한 일을 맡기려고 하면 주저합니다. 어떻게 하면 더 적극적으로 나서게 할 수 있을까요?

부하 직원이 조금 더 적극적이면 좋겠는데 너무 소극적이라는 불만을 가진 회사 경영자와 관리자가 많다. 의욕이 불타오르는 사람일수록 그런 생각이 더 강하게 드는 법이다.

아직 일에 익숙하지 않아 요령 있게 처리하지 못해서 주저한다면 모르겠는데, 지금껏 잘해왔고 능력도 충분하다고 판단해 새로운 일이나 중요한 업무를 맡기려고 하면 매번 주저한다.

"지금 맡은 일만으로도 벅차서요, 당분간은 지금 이대로 하면 안 될까요?"

"다른 사람에게 맡기면 안 될까요?"

이렇게 말하며 도망치려 한다.

나라면 이건 기회다 싶어 달려들 텐데 뭘 그렇게 망설이는지 모르겠다, 도대체 무슨 심리 때문인지 궁금하다, 이런 질문을 받을 때가 가끔 있다.

▌성공을 꿈꾸는 자와 실패를 두려워하는 자

이런 질문을 하는 사람은 분명 의욕이 넘치는 사람이다. 하지만 기회라고 생각하며 도전하는 사람이 있는가 하면, 아직 도전할 자신이 없다며 주저하는 사람도 있다. 둘의 차이는 어디에 있을까?

여기서 주목할 점은 인간의 마음을 움직이는 동기는 둘로 나눌 수 있다는 점이다. 도전할지 말지 망설일 때, 마음속에서는 두 가지 동기가 다투기 시작한다.

바로 성공 추구 동기와 실패 회피 동기다.

심리학자 존 윌리엄 앳킨슨John William Atkinson은 동기에는 흔히 성공하고 싶어 하는 경향이 강한 성공 추구 동기 외에 실패 회피 동기가 있으며, 이 둘의 역학관계를 통해 문제를 해결하는 태도가 결정된다고 생각했다.

어떤 일을 할 때는 '잘되면 얼마나 좋을까'라는 생각과 동시에 '혹시 실패하면 어쩌지'라는 생각이 뇌리를 스친다. 전자는 성공 추구 동기가 마음을 움직인 것이고, 후자는 실패 회피 동기가 마음을 움직인 것이라고 볼 수 있다.

할 수 있다면 과감하게 도전해 성공을 거머쥐고 싶지만 되도록이면 실패를 피하고 싶다. 이 균형이 사람마다 다르다. 어느 쪽 생각이 더 강하냐에 따라 적극적으로 도전할지 도전을 망설일지 결정된다.

새로운 일이나 중요한 업무를 맡기려 할 때 주저하는 사람은 성공 추구 동기보다 실패 회피 동기가 더 강하다고 할 수 있다. 한편,

그런 사람을 보고 부족하다고 느끼거나 답답해하는 사람은 실패 회피 동기보다 성공 추구 동기가 더 강한 사람일 수 있다.

▌유형에 따라 달라지는 업무 부여 방식

성공 추구 동기가 강한 사람과 실패 회피 동기가 강한 사람은 의욕이 발동하는 심리적 원리가 정반대라는 사실이 실험을 통해 증명되었다. 어떤 조건의 업무를 선호하느냐는 유형에 따라 다르다는 말이다.

1. 성공 추구 동기가 강한 사람은 막상막하의 승부에 불타오른다

성공 추구 동기가 강한 사람은 성공 확률이 0%나 100%에 가까운 업무보다 성공 확률이 50%, 즉 성공할지 실패할지 막상막하인 업무를 받았을 때 의욕이 상승한다.

다시 말해 그다지 실패를 두려워하지 않는 유형은 성공할지 못할지 확실치 않지만, 잘만 하면 성공할 수 있을 것 같은 상황일 때 도전 정신이 자극을 받아 의욕이 샘솟는다. 누구나 할 수 있는 업무는 재미가 없어 의욕이 생기지 않는다. 절대 성공할 수 없는 업무도 당연히 의욕이 생길 리 없다.

스포츠 시합을 예로 들면 이해하기 쉽다. 당연히 이길 것 같은 상대나 절대 이길 수 없을 것 같은 상대와 시합을 하면 승부욕이 타오르지 않지만, 실력이 비슷한 상대와 시합을 할 때는 도전 정신이 자극을 받아 의욕이 솟구친다.

업무에서도 마찬가지다. 부하 직원이 이런 유형이라면 성공률이 50%, 즉 적당히 어렵고 고민과 노력 여하에 따라 잘될 수도 있는, 도전 가치가 있는 업무를 주어야 효과적이다. 그러면 의욕이 상승해 실력을 제대로 발휘할 것이다.

2. 실패 회피 동기가 강한 사람은 성공할 수 있을 때 의욕이 생긴다

한편 실패 회피 동기가 강한 사람은 성공 확률이 0%나 100%에 가까워야 의욕이 생긴다.

즉 누구나 할 수 있는 업무, 당연히 성공할 업무일 때 실패에 대

유형별 업무 할당 방법

성공 추구 동기가 강한 사람은…

보람을 원한다
(노력하면 성공할 가능성이 있다고 생각하면 의욕이 생긴다)

어려운 업무를 준다.

실패 회피 동기가 강한 사람은…

안정을 원한다
(확실하게 성공할 수 있어야 의욕이 생긴다)

해결할 수 있는 업무를 주면서 지원하는 체제를 만들어 안심시킨다.

한 불안이 없어 의욕이 생긴다. 또한 절대로 성공할 수 없는 업무인 경우도 어차피 다들 실패할 테니 못 해도 괜찮다는 생각이 실패에 대한 공포를 완화해주어 의욕을 유지할 수 있다. 반대로 노력하면 성공할지도 모르지만, 100% 성공한다는 보장이 없는 업무를 받으면 '실패하면 어쩌지' 하는 불안이 엄습해 도망치고 싶어져 의욕이 생기지 않는다.

직원이 이런 유형이라면 당사자의 실력으로 확실하게 해결할 수 있는 업무를 주어 실력을 발휘할 수 있게 해야 한다. 이때는 지식과 기술 면에서 힌트를 주거나 막히면 도와주겠다고 안심시켜 실패에 대한 불안감을 줄여주는 것이 좋다.

03 _ 자율 욕구

매뉴얼과 창의력의 균형

Question

실수하지 않으려고 완벽하게 매뉴얼을 만들고 꼼꼼하게 지시를 내리며 친절하고 자상하게 지도합니다. 분명 일하기 편한 환경을 조정해주었는데 왜 그런지 직원들은 의욕이 없어 보입니다. 뭐가 부족한 걸까요?

거의 모든 업계에서 효율을 높이고 실수를 방지하기 위해 업무 매뉴얼화를 추진한다. 아르바이트생이나 파견 직원처럼 회사에 익숙하지 않은 사람도 바로 베테랑처럼 일하려면 매뉴얼이 꼭 필요하다. 또한 눈치가 빠른 사람과 그렇지 못한 사람, 다른 사람을 잘 배려하는 사람과 그런 일에 서툰 사람, 일을 꼼꼼히 하는 사람과 대충 하는 사람처럼 개인의 특성 차이로 생기는 업무의 불일치성을 최소화하려면 매뉴얼이 반드시 필요하다. 특히 서비스업에서는 고객 클레임 방지를 위해 고객 응대 매뉴얼화를 추진한다.

업무 흐름을 매뉴얼화하고 자세하게 지시를 내린 뒤 구체적인 방법까지 친절하고 자상하게 지도하면 고민할 필요 없이 일에 몰두할 수 있고 실패에 대한 불안도 없으니 직원이 안심하고 일할 수 있다. 하지만 이는 불안 요소를 제거해 최소한의 의욕만 보장할 뿐이다. 의욕을 더 높이려면 추가적인 조건을 정비할 필요가 있다. 따라서 자율 욕구에 주목해야 한다.

▌효율성을 추구하면 즐거움을 빼앗긴다

업무 순서와 구체적인 방법까지 자세하게 매뉴얼화해서 그대로 할 경우 큰 어려움 없이 일을 성공시킬 수 있다면 불안감 없이 안심하고 일에 몰두할 수 있다.

하지만 **불안감 해소만으로는 의욕을 높일 수 없다.** 우선, 직원들이 주로 느끼는 불만에 관해 생각해보자.

"팀장은 '어쩌니 저쩌니 하지 말고 시키는 대로 하면 돼!'라는 말을 입버릇처럼 합니다. 조금만 질문을 해도 바로 이 말이 튀어나와 일할 맛이 안 납니다."

"이렇게 하는 편이 낫겠다고 나름대로 고민하면서 일하고 있었는데, 이를 눈치챈 상사가 '왜 마음대로 하죠? 지시한 대로 하세요'라고 한 소리 하더군요. 제 아이디어대로 하면 일이 더 잘되는 경우도 마찬가지입니다. 저는 로봇이 아닙니다. 제 머리로 생각해서 아이디어를 내는 일이 어째서 용납되지 않는지 모르겠습니다. 그런 생각을 하면 의욕이 사라집니다."

부하 직원들의 의욕을 꺾는 직장 상사에 관한 이야기를 들어보면 이런 의견이 많다.

직장 상사나 경영자는 직원들이 지시대로 움직여야 효율적으로 보이고 마음이 놓인다. 이처럼 개인 아이디어나 판단이 개입할 여지를 최소화하면 업무에 서투른 직원과 신중하지 않은 직원이 만드는 위험 요소를 차단할 수 있다.

업무 매뉴얼화의 장단점

장점

∨ 효율적
∨ 위험 요소 차단
∨ 개인에 따른 업무 불일치성 방지

단점

∨ 스스로 고민할 기회를 빼앗는다

개인의 장점을 발휘할 수 없다

보람을 느낄 수 없다

하지만 여기서 '의욕 관리motivation management'의 허점이 드러난다.

효율화와 위험 요소 차단에만 초점을 맞춰 직원들의 의욕을 꺾는 방향으로 관리하고 있는지도 모른다.

▋나는 내가 컨트롤한다

심리학자 헨리 알렉산더 머레이Henry Alexander Murray가 모든 사람이 가진 심리적 욕구를 나열한 리스트를 발표했는데, 그중에 자율 욕구가 있다. **자율 욕구란 강제와 속박에 저항하고 권위에서 벗어나 자유롭게 행동하려는 욕구를 말한다.**

어린 시절을 떠올려보자. 학교에서 돌아와 밥을 먹고 텔레비전을 보다가 '이제 숙제해야겠다'라고 생각한 순간, "언제까지 텔레비전만 볼 거야! 숙제 안 하니!"라는 엄마의 잔소리가 들려오면 "지금 하려고 했단 말이야…… 아, 하기 싫어졌어"라며 반항한다. 속으로는 '빨리 숙제를 시작하지 않으면 다 못할 텐데'라고 걱정하면서도 고집을 부리며 계속 텔레비전을 본다. 다들 한 번쯤 이런 경험이 있을 것이다.

나를 움직이는 조종대는 내가 잡고 싶다는 것은 누구나 가진 기본적인 욕구다. 결과적으로, 같은 행동이라도 내 의지로 하느냐, 다른 사람이 시켜서 하느냐에 따라 의욕의 정도가 하늘과 땅 차이다.

관리자나 회사 경영자는 직원들이 지시대로 움직여야 효율적으로 진행되는 것처럼 보이고 마음이 놓이겠지만, 그 생각이 직원들의 의욕을 저하시켜 결국 실적 향상으로 이어지지 못할 가능성이 크다.

▍창의력을 발휘할 수 있는 여지를 남겨라

그렇다고 해서 매뉴얼화가 옳지 않다는 말은 아니다. 중요한 것은 효율성을 높이고 위험 요소를 차단하기 위해 매뉴얼화를 추진하더

자율 욕구

↓

나는 내가 컨트롤한다.
(로봇처럼 지시대로만 움직이면 의욕이 생기지 않는다)

따라서……

창의력을 발휘할 수 있는 여지를 준다

↓

자율 욕구 충족! 인정 욕구 충족!

라도 개인적인 창의력을 발휘할 여지를 남겨둬야 한다는 것이다.

특히 완벽주의자들은 일단 매뉴얼 작성에 들어가면 모든 신경을 집중해서 궁극의 매뉴얼을 만들어내려고 한다. 하지만 그런 매뉴얼이 등장하면 직원들의 의욕은 바닥까지 떨어질 것이다. 따라서 완벽한 매뉴얼에만 집착하던 자신을 되돌아보고, 생각하는 즐거움이 의욕 상승으로 이어진다는 사실을 깨달아야 한다. 매뉴얼대로만 하면 된다는 인식이 자리 잡으면 직원들은 생각하는 즐거움을 빼앗긴다고 느낀다.

애당초 그다지 능력이 없거나 업무 의욕이 약한 사람이라면 큰 문제가 되지 않겠지만, **능력과 자신감으로 충만하고 업무 의욕이 넘치는 사람은 창의력을 발휘할 여지가 없으면 금세 의욕이 사그라든다.** 이는 조직에도 크나큰 손해가 아닐 수 없다.

또한 누군가 고민해서 아이디어를 냈을 때 제대로 평가하고 이를 인정하는 반응도 중요하다. 이런 과정을 통해 자율 욕구뿐만 아니라 인정 욕구까지 채워져 의욕이 더욱 상승한다.

04 _ 성장 욕구

급여 인상만으로는 마음을 잡을 수 없다

Question

의욕 넘치는 젊은 인재일수록 불만을 느끼고 회사를 그만두는 일이 최근 몇 년간 계속되고 있습니다. 어떻게든 막아보려고 동종업계 비슷한 규모의 다른 회사에 뒤지지 않는 대우를 해주고 있는데, 다른 효과적인 방법이 없을까요?

일을 시작한 지 얼마 안 된 신입사원이 그만두는 경우가 많다. 비용과 시간을 들여 신입사원 연수를 마치고 이제 겨우 현장에서 일할 수 있겠다 싶을 때 그만둔다. 어떻게 하면 그들을 정착시킬 수 있을까? 이런 고민을 토로하는 회사 경영자가 꽤 있다. 젊은 직원들이 입사한 지 얼마 안 돼 그만두면 경영자 입장에서는 심각한 문제일 수밖에 없다.

필사적으로 취업 준비를 해서 어렵게 취직했는데 어째서 그만두는 걸까?

나의 성장이 중요한 시대

요즘 젊은이들은 "성장하고 싶다", "나를 성장시켜줄 일을 원한다"는 말을 자주 한다.

과거에는 급여나 근무 형태 같은 처우에 불만이 있어 더 나은 대우를 받으려고 이직하는 경우가 대부분이었지만, 요즘에는 꼭 처우에 대한 불만 때문에 이직하는 것이 아닌 듯하다.

이직을 고려하는 젊은 직원들은 대체로 "이런 일을 하고 싶었던 게 아니야", "지금 하는 일은 생각했던 것과 너무 달라"라는 불만을 토로한다. 그래서 지금 하는 업무의 어떤 점이 불만인지 물으면 이런 대답이 나온다.

"지금 하는 일은 저를 성장시킬 수 있는 업무가 아니에요."

"이런 업무만 하면 성장할 수 없을 것 같아요. 확실히 성장할 수 있는 일을 하고 싶어요."

여기서 알 수 있듯이, 요즘 젊은이들은 자신이 성장한다고 확실하게 느낄 수 있는 업무를 강력하게 원한다.

따라서 아무리 급여 수준이나 복리후생, 근무 조건 같은 처우를 개선해봤자 조기 이직을 막기 어렵다. 그만두는 사람은 대체로 다른 부분에서 불만을 느끼기 때문이다.

▌기본적 욕구에서 성장 욕구로

인간이 가진 욕구 구조의 변화를 생각해볼 필요가 있다.

　경제적으로 어려웠던 시대에는 금전적 보상이 의욕 상승의 열쇠를 쥐고 있었다. 출세 지향 의식이 강했던 시대에는 승진을 통한 지위 보상이 의욕을 상승시키는 열쇠였다.

　하지만 경제적으로 그다지 어렵지 않고 출세욕도 그렇게 강하지 않는 요즘에는 금전적 보상이나 지위 보상이 의욕 상승의 핵심 요인이라고 할 수 없다.

　요즘에는 성장 욕구 충족이 의욕 상승 요인으로 주목받고 있다. 경제적 풍요로움을 추구하던, 다시 말해 기본적 욕구 충족이 중요하던 시대에는 급여 인상 같은 처우 개선으로 의욕을 높일 수 있었지만, 이제는 그것만으로 의욕을 높일 수 없다.

인간이 가진 욕구 구조의 변화

경제적으로 어려운 시대

금전적 보상이 의욕에 큰 영향을 미친다.

출세 지향 의식이 강한 시대

지위 보상이 의욕에 큰 영향을 미친다.

아무리 처우를 개선해도 이직을 막을 수 없다는 한탄 섞인 목소리를 자주 듣는데, 이는 젊은 직원들의 욕구 전환에 대응하지 못했기 때문이다.

성장 욕구가 강한 시대에는 무엇보다 이 욕구를 충족시켜주는 것이 중요하다. 단, 이는 경제적인 대우를 충분히 보장한 다음의 문제다.

간혹 어떤 회사는 젊은이들의 성장 욕구에 비집고 들어가 보람을 강조하면서 낮은 보수로 일을 시키고 착취해 악덕 기업으로 손가락질을 받기도 한다. 이런 방식은 언급할 가치도 없지만, 그런 착취 행위가 판을 칠 정도로 성장을 고집하는 젊은이가 많다는 사실은 명심하자.

▌성장 욕구를 충족시키는 말 한마디

의욕 관리 관점에서 보면 성장 욕구를 충족시켜주는 말이 필요하다. 따라서 사람은 언제 자신의 성장을 실감하는지 생각해봐야 한다. 여기서 대표적인 사례 다섯 가지를 소개한다.

1. 잘하지 못했던 일을 능숙하게 처리했을 때

전보다 실수가 줄었을 때나 직장 상사와 선배의 지원이 필요했던 일을 혼자서 처리했을 때, 자신의 성장을 실감한다.

2. 할 수 있는 일이 많아지고 아는 것이 많아졌을 때

업무에 능숙해졌다는 증거이며 이를 통해 자신의 성장을 실감한다.

3. 어려운 일을 해결했을 때

업무에 숙달된 직장 상사와 선배가 솜씨 좋게 일을 처리하거나 어려운 문제를 해결하는 모습을 보면 누구나 자신의 미숙함을 느낀다. 그러다가 이윽고 스스로 깔끔하게 일을 처리하고 어려운 문제를 해결하게 되면 자신의 성장을 실감한다.

4. 직장 상사나 선배에게 칭찬받았을 때

처음에는 주의를 듣거나 질책을 받는 일이 허다했지만, 어느새 일이 손에 익어 업무 처리 방식이나 성과에 관해 칭찬받았을 때 기쁘고 자랑스러워지는 동시에 자신의 성장을 실감한다.

5. 책임이 무거운 일을 맡았을 때

일을 맡았다는 것은 상사가 일을 맡겨도 괜찮다고 생각했다는, 즉 자기 몫을 충분히 하는 사람으로 인정받았다는 증거다. 이렇게 되면 자신감이 상승해 자신의 성장을 실감하게 한다.

이와 같은 상황을 염두에 두고 **성장 욕구를 충족시키는 말을 건네도록 항상 신경 써야 한다.**

자신의 성장을 실감할 때

1. 전에는 잘하지 못했던 일을 능숙하게 처리했을 때

2. 할 수 있는 일이 많아지고 아는 것이 많아졌을 때

3. 어려운 일을 해결했을 때

4. 직장 상사나 선배에게 칭찬받았을 때

5. 책임이 무거운 일을 맡았을 때

05 _ 의미에 대한 의지

활기차게 일하고 싶다면?

Question

일을 하긴 하는데 의욕이 생기지 않아 그냥 습관처럼 처리하는 느낌입니다. 생각해보면 학창 시절 공부할 때도 이런 느낌이었습니다. 앞으로도 계속해서 일해야 하는데 이대로는 충실감도 느낄 수 없고 허무할 뿐입니다. 어떻게 하면 저도 동료들처럼 활기차게 일할 수 있을까요?

막 취직했을 때는 긴장도 되고 새로운 기분으로 일했는데, 조금 익숙해지자 해이해지고 정신을 차려보니 어느새 학생 때처럼 습관적으로 일하고 있다. 흔히 겪는 일이다.

따라서 부족함이나 허무함을 느끼는 일은 전혀 나쁜 것이 아니다. 이것은 마음속으로 현 상황을 못마땅하게 여기며 '이래서는 안 돼, 어떻게든 생활을 바로잡아야 해'라는 생각이 들기 시작했다는 증거다.

먹고살려고 일한다지만 어차피 할 일이라면 활기차게 하고 싶다. 주변에서 활기차게 일하는 사람을 보면 더욱 그렇게 되고 싶다.

활기차게 일하는 비법은 뭘까? 일한다는 행위 자체에서 의미를 찾거나, 자기 업무에서 의미를 찾는 것이 바로 비법이다.

의미 없는 일이 나를 괴롭힐 때

인간은 일상생활에서 의미를 찾지 못할 때 가장 괴로워한다. 무의미한 일이 반복되어 하루하루가 똑같다면 기분이 우울해지고 활력이 사그라든다. 하지만 이런 상태로 직장생활을 하는 사람이 상당히 많을 것이다.

그러다가 갑자기 허무하다는 느낌이 치밀어오를 때가 있다.

목표를 관리하고 경비 절감이다, 효율화다 하면서 낭비를 철저하게 줄이는 풍조가 만연한 요즘, 정량적인 목표 달성에만 매달리거나 효율화만 추구하며 직장생활을 하는 사람이 적지 않다.

그러다가 문득 자신의 생활을 돌아보고 의미 없는 생활에 괴로워질 때가 있다. 무엇을 위해 이런 일상을 반복하고 있을까, 앞으로도 계속 이렇게 살아야 하는 걸까 하는 생각이 들면 괜스레 허무해지곤 한다.

현대인을 괴롭히는 '허무함'과 '부족함'

일상생활이 무의미하다…

↓

의미 없는 생활에서 벗어나면 의욕이 상승한다

비즈니스 생활에서 의미를 찾을 수 있는지가 관건

이런 상태가 되면 지금까지 무의식적으로 하던 행동들이 삐걱대기 시작한다. 아무런 의문도 없이 매일 하던 일이 갑자기 무의미하게 느껴지고 무엇을 위해 일하는지 알 수 없어진다. 당연하게 타던 출근길 만원 전철을 타는 일이 괴로워지기도 한다.

이런 심리 상태에 빠져 바닥으로 떨어진 의욕을 끌어올리려면 의미 없는 생활에서 벗어나야 한다.

▌허무함을 느껴야 건강하다?

갑자기 허무함에 사로잡힐 때가 있다면, 매일 반복하는 비즈니스 생활에서 의미를 찾지 못한 사람이다. 앞으로도 계속해나갈 비즈니스 생활에서 의미를 찾지 못하면 이보다 허무한 일은 없다.

"일상이 허무하다니, 한가한 사람이나 하는 소리다. 나는 매일 눈코 뜰 새 없이 바빠서 허무함 따위를 느낄 새가 없다."

이런 말을 하는 사람도 있다. 물론 알찬 비즈니스 생활을 보내는 사람도 있겠지만, 허무함을 피해 도망치듯 바쁘게 일하는 사람도 있다.

무심코 멈춰 서서 자신을 되돌아볼 여유가 생기면 무의미한 생활이 현실로 다가와 허무함에 사로잡힌다. 그것이 두려워 일을 멈추지 않는다. 마음속 깊은 곳에 이런 감정이 자리 잡고 있다 보니 무의식중에 그런 행동 유형을 보인다.

하지만 이것은 일을 하며 충실하게 살아가는 것이 아니라 일에 과하게 몰두해 자기의식을 마비시키는 행동이다. 나도 모르게 느끼는 일상생활의 허무함을 의식하지 않으려고 그저 바쁘게 움직일 뿐이다. 한마디로 허무함을 일로 무마하려는 것이다.

그 상태 그대로 자기 자신과 마주하지 않으면 이 무의미한 생활을 떨쳐낼 수 없다. **바쁘다는 핑계로 자신을 속이면 의미 있는 생활을 할 수 없다.** 그런 측면에서 보면 오히려 의미 없는 생활에 괴로워하고 허무함을 느끼는 사람이 건강하다고 할 수 있을지도 모른다.

▎인간은 의미를 추구하는 존재

실존분석의 창시자인 정신의학자 빅토어 프랑클Viktor Frankl은 많은 현대인이 실존적 욕구불만으로 힘들어하고, 의미에 대한 욕구불만에 빠져 있다고 주장했다. 그리고 '의미에 대한 의지'라는 개념을 제시했다. 누구나 의미에 대한 의지가 있으며 인간은 의미를 추구하는 존재라고 했다.

정신분석학의 창시자 지그문트 프로이트Sigmund Freud는 성욕에 의해 움직이는 인간을 보고 '쾌락에 대한 의지'를 중요시했다. 또 개인심리학을 수립한 알프레트 아들러Alfred Adler는 열등감을 극복하려는 인간의 행동을 보고 '권력에 대한 의지'를 중요시했다. 반면 '의미에 대한 의지'를 중요시한 프랑클은 인간은 자신의 생활에 가능한 한 많은 의미를 부여하고 싶어 하는 욕구를 지니고 있으며, 이를 바탕으로 보람 있는 생활을 영위하기 위해 끊임없이 싸운다고 주장했다.

프랑클은 사람이란 원래 '의미에 대한 의지'를 바탕으로 행동하는 존재이며, '쾌락에 대한 의지'나 '권력에 대한 의지' 배후에는 '의미에 대한 의지'의 좌절이 있다고 말했다. 즉 일상생활이 무의미하다고 느낄 때 사람은 쾌락을 탐하거나, 출세에 집착하며 권력 추구에 몰두한다는 것이다. 따라서 '의미에 대한 의지'가 충족되면 성욕이나 권력욕에 휘둘리지 않고 안정된 생활을 할 수 있다.

그렇다면 어떻게 해야 좋을까? 이 부분은 '06_사회적 사명감'을 참고하기 바란다.

'사람은 의미에 대한 욕구불만에 빠져 있다.' - 빅토어 프랑클

인간은 의미를 추구하는 존재다

- 반복되는 비즈니스 생활에서
  의미를 찾지 못하는 일만큼 허무한 것은 없다.
- 바쁘다는 핑계로 허무함을 피해
  도망치는 사람도 있다.

키워드는 사명감!

06 _ 사회적 사명감

활기 넘치는 직장 만들기

Question

회사에 의욕이 넘치는 직원과 부족한 직원이 섞여 있는데, 의욕 넘치는 직원이 일을 대충대충 하는 직원에게 불만을 가지면서 회사 분위기가 냉랭해졌습니다. 직원들의 마음을 하나로 모아 전체의 의욕을 끌어올리는 방법은 없을까요?

어느 직장이나 의욕이 넘치는 직원이 있는가 하면 조금 부족한 직원이 있기 마련이다. 모든 직원이 의욕이 없다면 그 회사는 존속하기 어려울 것이다. 물론 모든 직원이 의욕 넘치면 가장 이상적이겠지만 그런 일은 좀처럼 없다. 현실에서는 항상 두 가지 유형의 직원이 섞여 있다.

하지만 조직을 운영하는 경영자나 관리자는 가능한 한 회사 전체의 의욕을 끌어올리고 싶어 한다. 모든 직원의 의욕을 최고치까지 끌어올리기는 어려워도 지금보다 조금 더 높이는 일이라면 안 될 것도 없다.

이때 생각해야 하는 개념이 사회적 사명감이다.

일에 의미를 부여하는 방법

의욕이 없는 직원은 그냥 습관적으로 일한다. 이런 직원이 조금이라도 달라지길 원한다면, 현재 그가 하는 업무의 의미를 깨달을 수 있도록 이끌어야 한다.

자기 업무의 의미를 깨달으면 틀림없이 의욕이 상승한다. 하지만 어떤 의미를 깨닫느냐에 따라 의욕에 미치는 영향도 달라진다.

누구나 자기 업무 또는 자신이 일한다는 사실이 어느 정도는 의미 있다고 느낀다. 일반적으로 이 일을 통해 얻는 수입과 같은 금전적인 보상이 의미를 부여한다. 또는 수입이 많지는 않지만 안정적인 직업이라서 생활이 보장된다는 식의 의미를 부여하며 일하기도 한다.

하지만 이렇게 개인에 국한된 의미 부여만으로는 의욕을 끌어올리는 데 한계가 있다. 돈을 벌 수 있다, 수입이 늘어난다와 같이 자기중심적인 의미 부여가 아니라 **좀 더 사회적 의미를 부여하면 의욕이 단숨에 치솟는다.**

'05_의미에 대한 의지'에서 누구나 일상생활에서 의미를 찾고 싶어 한다는 사실을 언급했는데, 사회적 사명감 고취로 의미 부여를 하면 매우 효과적이다.

▌사회적 사명감으로 일에 의미를 부여한다

사실 금전적 보상이나 자기 성장 같은 개인적 요인으로 일에 의미를 부여해 의욕을 끌어올릴 수도 있지만 이렇게 개인에 국한되는 의미 부여만으로는 한계가 있다. **회사 전체의 의욕을 끌어올리려면 좀 더 마음을 움직일 만한 스토리가 필요하다.** 바로 이때 사회적 의미 부여가 효과를 발휘한다.

마쓰시타 전기(현 파나소닉)의 창업자 마쓰시타 고노스케松下幸之助는 사회적 사명감을 의식하게 된 계기로 다음과 같은 이야기를 한다.

당시 마쓰시타는 어째서 남의 것을 무단으로 사용했는데도 비난받지 않는지 궁금했다고 한다. 수돗물은 무더운 한낮에 짐을 끌고 온 사람에게 무엇보다 귀중한 것인데, 그렇게 가치 있는 것을 무단으로 사용하더라도 그 사람이 도둑질했다고 여기지 않는다. 이 모습을 보고 아무리 귀한 물건이라도 대량으로 존재하면 거의 무료가 된다는 사실을 깨닫고 전기제품을 대량으로 생산해 수돗물처럼 저렴한 가격으로 시장에 내놓는 일이 자신의 사명이라 느꼈다고 한다. 마쓰시타는 이렇게 자신의 마음속에 생겨난 사회적 사명감을 '수도 철학'이라 부른다.

이 철학을 사적인 방식으로 바꿔 말하면 **일에 의미를 부여할 때는 사회적 사명감과 연결해서 이기적이지 않고 사회에 공헌할 수 있는 의미를 붙여야 한다.**

개인의 이익이나 개인의 성장을 추구하는 일은 분명 의욕 상승으

로 이어진다. 더 나아가 자기 업무가 사회에 도움이 된다거나 누군
가에게 도움이 된다고 느끼면 의욕은 단숨에 치솟는다.

여기서 핵심은 자기 업무가 어떻게 사람들의 생활에 도움이 되는
지를 생각해 일과 사회적 사명감을 연결해야 한다는 점이다. 조직
이 이 스토리를 잘 풀어내면 직장 전체 분위기가 180도 달라질 것
이다.

마쓰시타 고노스케의 수도 철학 이야기

내가 막 사업을 시작했을 무렵, 어느 무더운 여름날 일이다. 나는 오사
카 덴노지 근처 골목을 걷고 있었다. 그 근처는 길에 공동으로 사용하
는 수도가 있다. 그런데 수레를 끌던 사람이 그 수도 앞에서 잠시 숨을
돌리며 수도꼭지를 돌려 입을 대고 물을 머금어 입을 헹궜다. 그리고
시원하게 갈증을 달랬다.

수돗물은 공짜가 아니다. 정수 처리해
서 식수로 만들었으니 요금을 내고 있
을 터였다. 그 사람은 값이 매겨진 물건
을 무단으로 사용한 셈이다. 하지만 그
모습을 본 사람 중 누구도 그를 타박하
지 않았다.

(마쓰시타 고노스케, 『사물에 대한 견해와 사고방식物の見方 考え方』)

07 _ 직무 충실

더욱 활기 넘치는 직장을 원한다면?

Question

우리 회사 직원들은 개인적으로 이야기를 나눠보면 다들 성실한데, 의욕이 바닥에 떨어져 마지못해 겨우 일하는 느낌이 들어 난감합니다. 좀 더 활기 넘치는 회사로 만들고 싶은데, 어떻게 하면 직원들의 의욕을 높일 수 있을까요?

회사 경영자나 관리자라면 누구나 활기 넘치는 회사를 만들고 싶어 한다. 그런데 직원들도 분위기가 무거운 회사보다는 활기 넘치는 회사에서 일하고 싶지 않을까?

양쪽 다 활기 넘치는 직장을 원하는데 어째서 현실은 그렇지 못할까? 그 이유를 알면 대책이 보일 것이다.

▌내 업무는 중요하지 않다

어느 회사에서 있었던 일이다. 입사한 지 2~3년 된 젊은 사원들에게 상사의 어떤 태도가 의욕을 떨어뜨리는지 자유롭게 말하도록 했더니 다음과 같은 대답이 나왔다.

"지시한 서류를 작성해서 가지고 갔더니 '지금 바쁘니까 거기 두고 가'라고 하셔서 책상 한쪽에 두고 제 자리로 돌아와 일상 업무를 했습니다. 나중에 무슨 말씀이 있겠지 했는데, 다음 날도 그다음 날도 아무 말이 없었습니다. 그래서 아, 대충 해도 되는 일이었구나 하는 생각이 들었고, 그 후로는 왠지 의욕이 생기지 않습니다."

그러자 다른 사원도 이렇게 말했다.

"저도 비슷한 경험을 한 적이 있습니다. 제가 담당하는 영업 활동의 현황과 문제점을 정리해서 상사에게 보고했는데, 바쁘니까 간단하게 하라고 하시더니 보고 내용에 대해서도 건성으로 대답할 뿐 전혀 관심이 없어 보였습니다. 그전까지는 꽤 열심히 일했는데 갑자기 의욕이 사그라들었습니다."

이런 얘기들을 듣자 몇몇이 더 경험담을 꺼내놓았고, 분위기가 고조되었다.

상사가 정말 바빴다고 해도, 또한 상사가 하던 업무보다 부하 직원의 업무가 중요하지 않거나 급하지 않았다고 해도 그 직원에게는 중요한 일이다. 이런 심리적 배려가 부족하면 직원은 의욕이 떨어질 수밖에 없다.

의욕을 높이는 직무 특성

업무의 중요도 외에도 고려해야 할 사항이 몇 가지 더 있다.

예컨대 일이 너무 단조로우면 의욕이 생기지 않는다. 또 무슨 도움이 되는지 모를 때도 마찬가지다. 시키는 대로만 하면 되는 일도 의욕이 생기기 어렵다.

심리학자 리처드 해크먼J. Richard Hackman과 그레그 올덤Greg R. Oldham은 **직무란 의미 추구의 욕구, 책임의 욕구, 피드백의 욕구를 충족시켜야 한다**고 주장하며, 이런 욕구를 충족시키는 업무를 충실한 업무라고 칭했다.

성장 욕구가 강한 사람은 충실한 업무를 할 때 만족도가 높고 능력도 더 잘 발휘한다. 물론 책임이 부여되거나 일 전체를 맡게 되면 의욕이 불타오르기는커녕 불안하고 자신감이 부족해서 위축되는 사람도 있지만, 잘 뒷받침해주면 단조로운 일만 할 때보다는 분명 의욕이 상승한다.

해크먼과 올덤은 이런 생각에 근거해 의욕을 높이는 직무 특성의 다섯 가지 요소를 꼽았다.

첫째, 단조로운 업무만 시키면 의욕을 유지하기 어렵다. 그래서 일의 다양성이 필요하다.

둘째, 자기가 하는 업무가 어디에 도움이 되는지 몰라도 의욕이 생기지 않는다. 그래서 일 전체를 내려다보며 자기 업무의 위치가 어디쯤인지 알아야 한다.

의욕을 높이는 직무 특성

1. 다양성

단조롭지 않고 다양한 작업과 기술이 필요하거나 변화가 있는 일

2. 완결성

부분적 작업만이 아니라 일의 전체를 조망해 자기 업무의 위치를 확인할 수 있는 일

3. 중요성

사회적 의의가 있는 일처럼 자신이 하는 업무의 중요성이나 의미를 느낄 수 있는 일

4. 자율성

지시받은 대로만 하는 작업이 아니라 스스로 계획을 세우거나 방법을 고민해서 자율적으로 노력할 수 있는 일

5. 피드백

자기가 한 일의 결과를 통해 향후 개선을 위한 유익한 정보를 얻을 수 있는 일

셋째, 자기 업무가 얼마나 중요한지 몰라도 의욕이 생기지 않는다. 중요성을 깨달으면 의욕으로 이어진다.

넷째, 시키는 대로만 하면 되는 일을 할 때도 의욕이 생기지 않는다. 스스로 고민해서 노력하는 행동은 의욕을 상승시킨다.

마지막으로, 일의 결과를 알면 개선을 위해 앞으로 어떻게 해야

할지 고민하게 된다.

실제로 이 요소들을 충족하는 업무를 하면 의욕이 상승한다는 사실이 증명되었다. 또한 도전 정신이 자극을 받아 어려운 목표에 맞설 힘이 생기고 실제로 실력이 향상된다는 사실도 확인되었다. 게다가 이런 업무일수록 직원의 만족도와 업무 성과도 좋고 결근 율도 낮았다.

▮의욕을 높이는 직장 만들기

〈의욕을 높이는 직무 특성〉 다섯 가지 요소를 염두에 두고 현재 상황을 돌아보면 회사에 활기가 없는 이유가 보일 것이다.

활기 넘치는 회사는 직원들의 업무가 이 요소들을 어느 정도 충족하고 있다. 반대로 활기가 없는 회사는 직원들의 업무가 대부분 이 요소를 거의 충족하지 못하며, 이는 사무실 분위기를 무겁게 하는 요인으로 작용한다.

물론 다섯 가지 요소를 모두 충족하기는 어렵다. 우선 **현재 회사에 가장 부족한 요소, 또는 의욕이 가장 없는 직원의 업무에 특별히 부족한 요소가 무엇인지 찾아보자.** 이런 부분은 어떻게든 개선해야 한다.

직종이나 담당 업무에 따라 충족하기 쉬운 요소와 충족하기 어려운 요소가 있지만, 각자 맡은 업무의 특성을 고려해 어떻게 하면 조

금이라도 의욕을 높이는 직무 특성에 가까워질 수 있는지 생각하며
업무 할당 방법을 고민해야 한다.

08 _ 외적 동기 부여와 내적 동기 부여

돈 때문만은 아니다

Question

특별히 일에서 보람을 찾는 편이 아니라서 돈 때문이라고 선을 긋고 일해왔는데, 요즘엔 뭔가 부족한 느낌이 들어 의욕이 없습니다. 의욕을 끌어올리려면 어떤 노력을 해야 할까요?

노동력을 제공하고 그 대가로 금전적 보상을 받는 것은 노동의 기본이니 돈 때문이라고 선을 긋고 일한다고 해서 나쁘다고 할 수는 없다. 그런데 그 것만으로는 뭔가 부족하다고 느끼는 사람도 많다.

어느 직장에나 즐겁게 일하는 사람이 있으니 그런 생각이 드는 것도 당연하다.

"그런 사람을 보면 일은 돈 때문에 하는 것이고, 그 돈을 취미나 여가, 교제에 쓰면서 인생을 즐기자고 선을 긋는 자신이 처량하다는 생각이 듭니다." 이렇게 심란한 속내를 털어놓는 사람도 있다.

일을 금전적 보상을 얻는 수단으로 생각하는 사람에게는 일 자체를 즐기는 사람이 이해하기 힘든 신기하고 부러운 존재다.

이 문제에 관해 생각할 때는 의욕을 외적 동기 부여와 내적 동기 부여로 나누어서 보면 도움이 된다.

▌보상을 바라지 않는 행동

엄마가 아이에게 "도와주면 용돈 줄게"라고 했을 때 사고 싶은 물건이 있으면 아이는 기꺼이 엄마를 돕는다.

이처럼 인간은 보상을 얻기 위해 행동하기도 한다.

하지만 아이가 놀이로 하는 행동은 보상을 바라서 하는 것이 아니다. 보상을 받기는커녕 "이제 그만 좀 놀아라" 하고 엄마에게 혼나도 놀이를 멈추지 않는다. 이때는 놀이라는 행동 자체를 즐길 뿐이다.

심리학자 헨리 알렉산더 머레이는 아이가 호기심으로 주변을 탐색하는 행동이나 놀이처럼 보상을 받지 못해도 활동 그 자체가 좋아서 하는 행동을 보고, 행동을 유발하는 동기 부여를 외적 동기 부여와 내적 동기 부여로 구분했다.

취미나 놀이는 두말할 필요 없이 내적 동기 부여로 유발된 행동이다. 열차 마니아가 열차 사진을 찍거나 타는 행동은 누군가에게 보상을 받기 위해서가 아니며, 사진을 찍거나 열차를 타는 행동 자체가 보상이기 때문이다.

여행을 좋아하는 사람이 여행을 떠나는 일이나 스포츠 관전을 좋아하는 사람이 경기를 보러 체육관에 가는 행동은 여행이나 스포츠 관전이 충분한 보상이 되기 때문이지 누군가에게 칭찬을 받거나 보상을 받으려고 하는 행동이 아니다.

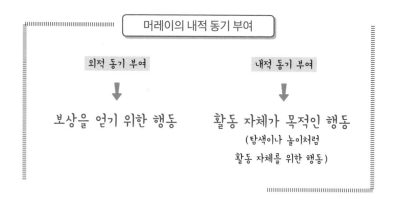

머레이의 내적 동기 부여

외적 동기 부여

보상을 얻기 위한 행동

내적 동기 부여

활동 자체가 목적인 행동
(탐색이나 놀이처럼
활동 자체를 위한 행동)

▍외적 보상과 내적 보상

앞서 설명한 **두 동기 부여의 차이를 이해하려면 외적 보상과 내적 보상의 차이를 알아야 한다.**

외적 보상은 금전적 보상이나 지위 보상처럼 타인이나 조직에서 받는 보상이다. 이런 보상을 받는 행동이 외적 동기 부여로 유발된 행동이다.

급여를 받으려고 일한다. 급여 인상 또는 상여금을 더 받고 싶어서 목표를 달성하려고 노력한다. 또 승진을 노리고 필사적으로 일하기도 한다. 이런 경우는 외적 보상을 목적으로 동기가 부여되었으니 외적 동기 부여에 근거해서 일한다고 볼 수 있다.

한편 내적 보상은 숙달감이나 성취감, 충실감, 호기심과 같이 자기 내면에서 만들어지는 보상이다. 이런 보상을 얻는 행동은 내적 동기 부여로 유발된 행동이다.

점점 업무에 능숙해져서 기쁘다, 업무 자체는 힘들고 어렵지만 해냈을 때의 성취감은 그 무엇과도 비교할 수 없이 좋다, 업무에 몰두하고 있을 때 느껴지는 충실감이 좋다, 아직 모르는 부분이 많다 보니 일이란 참 알면 알수록 모르겠다는 생각에 계속 흥미가 생긴다. 이런 사람은 내적 보상이 동기를 부여하고 있으니 내적 동기 부여에 근거해서 일하는 것이다.

▌내적 동기 부여의 장점

이제 즐겁게 일하는 사람의 심리를 알았을 것이다. 그런 사람들은 내적 동기 부여에 근거해서 일한다.

사람은 대부분 상품이 팔렸다, 기획이 통과됐다, 직장 상사에게 좋은 평가를 받았다, 승진했다, 급여가 올랐다, 상여금이 올랐다와 같이 외적 보상을 받으면 자신의 노력에 보상을 받았다고 느낀다.

다만 항상, 모든 사람이, 외적 보상을 받지는 못한다. 경기 침체기나 회사 실적이 좋지 않을 때는 아무리 노력해도 급여가 오르기는커녕 상여금이 줄어들기도 한다. 전보다 좋은 성과를 내도 경쟁상대가 그보다 더 나은 성과를 내면 좋은 평가를 받지 못할 수도 있다.

외적 동기 부여를 바탕으로 일하는 사람은 이런 상황에서 쉽게 의욕을 잃어버린다. 반면에 내적 동기 부여를 바탕에 두고 일하는

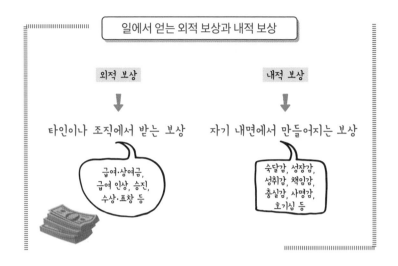

일에서 얻는 외적 보상과 내적 보상

외적 보상

타인이나 조직에서 받는 보상

급여·상여금,
급여 인상, 승진,
수상·표창 등

내적 보상

자기 내면에서 만들어지는 보상

숙달감, 성장감,
성취감, 책임감,
충실감, 사명감,
호기심 등

사람은 같은 상황에서도 변함없이 의욕을 유지할 수 있다.

그런 의미에서 조금은 내적 보상을 염두에 두는 것이 좋다.

09 _ 언더마이닝 효과

분명 좋아했는데 왜 싫어졌을까?

Question

대학 시절 '좋아하는 일'을 찾아서 '좋아하는 일을 직업으로' 삼으라는 가르침을 받았습니다. 패션 분야가 좋았던 저는 의류 관련 회사에 취직했습니다. 처음에는 설레기도 했지만, 지금은 의류업계 업무에 흥미를 잃었고, 이제는 제가 정말 패션을 좋아했는지도 잘 모르겠습니다. 제가 직업 선택을 잘못한 걸까요?

애써 좋아하는 일을 골라 취업했는데 언제부턴가 설렘이 사라져버렸다니 정말 안타까운 일이다. 하지만 그렇다고 해서 잘못된 선택이었다고 단정하긴 이르다. 일에 관한 생각을 조금만 바꾸면 예전 같은 설렘이 되살아날 수 있다.

이 문제에도 외적 동기 부여와 내적 동기 부여가 관련되어 있다.

아이들이 공부를 싫어하게 되는 심리적 원리를 참고하면 이 문제를 이해하는 데 도움이 된다.

▎왜 공부를 싫어할까?

아기들은 한두 발짝만 걸을 수 있어도 진심으로 기뻐하며 웃는다. 몇 번이고 넘어져도 다시 일어나 걸으려고 한다. 걸을 수 있다는 사실이 좋아서 참을 수 없기 때문이다.

글자를 읽기 시작하는 어린아이는 역 이름이나 매장 간판만 보면 어떻게 해서든 읽으려 하고 성공하면 세상을 다 얻은 표정을 짓는다. 마찬가지로 글자를 읽을 수 있다는 사실이 너무 좋아서 참을 수 없기 때문이다.

하지 못했던 일을 할 수 있다는 사실에 너무나 기쁘다. 몰랐던 사실을 알게 되는 것 또한 참을 수 없는 기쁨이다. 그래서 더 잘하고 싶고 더 알고 싶어진다. 이런 마음은 누구나 마찬가지다.

그렇다면 원래는 모두가 공부를 좋아하지 않았을까? 그러다가 어느 순간 공부를 싫어하게 되었다면, 이는 외적 동기 부여와 관계가 있다.

칭찬받고 싶어서 좋은 성적을 받으려 한다. 갖고 싶은 장난감이 있어 열심히 공부한다. 시험에 합격하기 위해 공부한다. **이처럼 외적 동기 부여에 의해 공부하면, 공부는 다른 목적을 이루기 위한 수단이 되고, 배움의 즐거움을 잃게 된다.**

이는 많은 심리학 실험을 통해 증명된 사실이다.

▌외적 보상에만 집착하면 내적 동기 부여가 약해진다

심리학자 에드워드 데시Edward L. Deci는 재밌는 퍼즐을 잔뜩 모아놓고 퍼즐을 좋아하는 대학생들을 대상으로 3일간 실험을 했다.

우선 대학생들을 두 그룹으로 나누었다. 실험실에는 특이한 퍼즐이 잔뜩 준비되어 있었고 실험은 개별적으로 이루어졌다.

A 그룹은 첫째 날과 셋째 날에는 호기심에 따라 퍼즐을 풀며 즐기도록 했지만, 둘째 날에는 퍼즐을 하나 풀 때마다 금전적 보상을 주었다. B 그룹은 3일간 하고 싶은 대로 퍼즐을 풀며 즐기게 했다.

그 결과 A 그룹만 셋째 날 퍼즐 풀기에 대한 의욕이 떨어졌다. 외적 보상을 신경 쓰다 보니 즐거웠던 퍼즐 풀기도 금전적 보상을 얻기 위한 수단으로 전락해버린 것이다.

A 그룹은 퍼즐을 풀 때마다 돈을 받는데 B 그룹은 아무리 퍼즐을 풀어도 돈을 받지 못하니 B 그룹이 불쌍하다고 생각할 수 있지만, 사실 돈을 받은 A 그룹이 더 불쌍할지도 모른다. 그들은 퍼즐의 재미를 잃게 될지도 모른다.

▌언더마이닝 효과

공부든 취미든 외적 보상을 의식하며 노력하면 그때부터 다른 목적을 위한 수단이 되기 때문에 내적 동기 부여가 약해져 더는 즐겁지 않다.

원래 자발적으로 하던 일도 호기심과 숙달감 같은 내적 보상이
만들어지지 않고 누가 시켜서 하는 듯한 기분이 들면서 외적 보상
이 주어지지 않을 경우에는 의욕이 오르지 않는다. 이처럼 원래는
좋아서 하던 일도 돈을 받으려고 하는 일로 느껴지면 전과 같은 즐
거움을 느낄 수 없다.

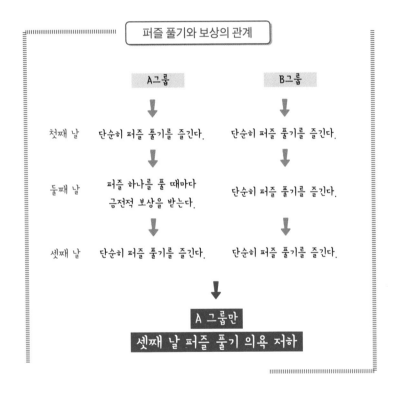

퍼즐 풀기와 보상의 관계

	A그룹	B그룹
첫째 날	단순히 퍼즐 풀기를 즐긴다.	단순히 퍼즐 풀기를 즐긴다.
둘째 날	퍼즐 하나를 풀 때마다 금전적 보상을 받는다.	단순히 퍼즐 풀기를 즐긴다.
셋째 날	단순히 퍼즐 풀기를 즐긴다.	단순히 퍼즐 풀기를 즐긴다.

A 그룹만
셋째 날 퍼즐 풀기 의욕 저하

외적 보상을 위해 노력하면서 내적 동기 부여가 약해지는 현상을 언더마이닝 효과undermining effect라고 한다.

예컨대 일 자체에서 보람을 느끼던 사람도 급여나 상여금 같은 금전적 보상과 승진 같은 지위 보상을 신경 쓰기 시작하면, 일은 단순히 보상을 얻기 위한 수단이 되고 내적 동기 부여로 유발된 행동에서 외적 동기 부여로 유발된 행동으로 변질된다.

▌호기심을 자극하고 숙련도에 눈을 돌려라

급여가 오르면 좋아하지 않을 사람은 없다. 하지만 이런 외적 보상에만 집착하면 일 자체를 즐길 수 없게 된다.

자신에게도 이런 경향이 있다고 생각한다면 **자신의 업무 숙련도에 관심을 가져보거나, 꼭 필요한 최소한의 일만 처리하는 데 머무르지 말고 관련 영역의 책이나 잡지를 읽어보는 등 호기심을 자극할 만한 행동을 해보자.**

패션에 관심이 많았는데 패션 관련 업무가 즐겁지 않다면 업무와 직접 관련 없더라도 패션 관련 지식을 공부하거나, 자기 패션에 관심을 가지면서 패션 관련 호기심을 자극해보는 건 어떨까?

10 _ 내적 통제형과 외적 통제형

변명하는 직원 대응법

Question

지나치게 의욕이 없는 직원이 있어 고민입니다. 실수를 해도 자기 잘못을 인정하지 않고, 목표를 달성하지 못해도 자신의 노력 부족 때문이라 생각하지 않으며, 변명만 늘어놓습니다. 반대로 의욕이 넘치는 직원들은 변명을 별로 하지 않습니다. 변명을 하는지, 아닌지로 의욕이 넘치는 사람과 의욕이 없는 사람을 구분할 수 있을까요?

결론부터 말하자면 변명은 의욕과 밀접한 관계가 있다. 다만 변명을 늘어놓는 사람은 의욕이 없는 사람이고 변명하지 않는 사람은 의욕이 넘치는 사람이라는 식으로 단순하게 판단할 수 있는 것은 아니다. 문제는 변명의 내용이다.

어느 회사 경영자는 의욕이 없는 직원을 두고 이렇게 말했다.

"무슨 일만 있으면 변명이 너무 많아요. 얼마 전에도 고객 응대가 미흡해서 고객의 기분을 언짢게 했는데, 아무리 대응이 미흡했다고 지적해도 고객의 주장이 말이 안 돼서 어쩔 수 없었다는 변명만 늘어놓더군요. 자기 잘못을 깨닫고 그 부분을 앞으로 고쳐나가면 되는데, 좀처럼 반성을 하지 않아서 난감합니다."

또 다른 경영자도 의욕이 없는 직원에 관해 이렇게 한탄했다.

"다른 직원들은 영업실적이 나쁘면 자기 영업 방식을 바꿔보려고 노력하는

데, 그 직원은 담당 지역이 안 좋다, 이번에는 안 좋은 일이 겹쳐서 그렇다면서 변명만 늘어놓을 뿐 자기 영업 방식을 돌아보려고 하지 않아요. 그렇게 해서는 앞으로 성장할 리도 없고, 정말 민폐 직원이에요."

이런 사람은 실수하거나 할당량을 달성하지 못했을 때 그 원인을 자기가 아닌 다른 요인 탓으로 돌리는 특징이 있다. 그래서 원인 귀속의 유형을 살펴봐야 한다.

▌내 탓? 남의 탓?

일이든 공부든 스포츠든, **성공과 실패의 원인을 찾는 것을 원인 귀속이라 한다.**

심리학자 줄리언 로터Julian Rotter는 '통제 소재Locus of control'라는 개념을 제시했다. 자기 행동의 결과를 통제하는 요인이 자기 내부에 있는지 외부에 있는지 정의하는 개념이다.

쉽게 설명하면, **성공과 실패의 원인을 자기 탓으로 돌리느냐, 다른 요인 탓으로 돌리느냐로 나누는 개념이다.**

앞의 사례를 예로 들면 고객이 언짢아했을 때 자신의 대응이 미흡했다고 생각하는 사람은 고객이 화를 낸 원인이 자기에게 있다고 생각한다. 한편 "제 대응에는 문제가 없었습니다", "고객이 트집을 잡는 거예요"라고 변명하는 사람은 고객이 화난 이유가 고객 측에 있다고 생각한다. 즉 내가 아닌 다른 요인을 탓한다.

영업 실적이 나쁜 직원의 사례에서도 '영업할 때 아직 노하우가

부족하다', '상품에 관한 지식을 더 익혀서 신뢰를 얻었어야 한다'
라고 생각하는 사람은 실적이 나쁜 원인이 자신의 능력 부족이라고
생각한다. 한편 "그 회사는 몇 번 방문해도 반응이 없습니다", "제
담당 지역에는 자금 사정에 여유가 없는 회사들뿐이라서 아무리 영
업을 해도 소용없습니다"라고 변명을 늘어놓는 사람은 실적이 나
쁜 원인을 자신이 아니라 다른 요인 탓으로 돌린다.

이처럼 원인 귀속 유형에는 자신의 능력이나 방식 탓으로 돌리는
내적 통제형과 타인의 상황이나 운같이 자기 이외의 요인 탓으로
돌리는 외적 통제형이 있다.

원인 귀속 유형은 개인적으로는 꽤 일관성을 보인다. 무언가를
할 때 자신의 능력과 그 일에 임하는 자세, 노력의 원인을 중요시하
는 사람은 내적 통제형이다. 한편 고객과 문제가 있어도 자신의 잘
못을 인정하지 않고 상대의 탓으로 돌리거나, 목표를 달성하지 못
했을 때 주로 상황이나 운을 탓하는 사람은 외적 통제형이다.

그리고 **외적 통제형인 사람보다 내적 통제형인 사람이 의욕이 강하
고 공부든, 운동이든, 일이든, 모든 면에서 성적이 좋다**는 사실이 밝
혀졌다.

▌변명을 들어보면 의욕적인지 아닌지 알 수 있다

내적 통제형은 일의 성패가 자신의 능력과 방식에 달려 있다고 생각하

는 습관이 몸에 배어 있다. 다시 말해 이들은 자신이 능력을 충분히 발휘하거나 최선을 다하면 분명 좋은 결과가 나온다고 믿는다. 그리고 설사 실패하더라도 '내가 충분히 능력을 발휘하지 못해서다', '좀 더 방법을 고민했더라면 어떻게든 되지 않았을까'라고 생각하다 보니 의욕이 꺾이지 않는다. 그리고 성공 확률을 높이려고 업무에 필요한 지식을 공부하거나 시야를 넓히기 위해 폭넓은 정보를 수집하고, 두뇌 단련을 위해 업무와 직접 관련 없는 독서를 하면서 능력 개발에 열중한다.

이에 반해 **외적 통제형은 일의 성패는 상황과 운, 상대의 능력에 달려 있으며, 자신이 어떻게 할 수 없는 힘이 작용한다고 생각하는 습관이 배어 있다.** 그러다 보니 항상 의욕이 없고 능력 개발도 소홀히 한다. 자신의 노력 여하에 따라 성공의 길을 열 수 있다는 생각이 전혀 없고, 생각만큼 성과가 나오지 않으면 바로 포기해버린다.

따라서 변명 내용을 들어보면 의욕이 넘치는 사람인지 아닌지 구분할 수 있다.

생각만큼 성과가 나오지 않았을 때 '불경기라서 그렇다', '경쟁사의 공세가 만만치 않았다', '상대편 담당자랑 호흡이 맞지 않았다' 등 외적 요인을 들먹이며 변명하는 사람은 대부분 의욕이 없는 유형이라고 봐도 좋다.

한편 '방법이 틀렸다', '준비가 부족했다'와 같이 내적 요인을 언급하며 변명하는 사람은 의욕이 넘치는 유형이다.

변명을 들어보면 의욕적인지 아닌지 알 수 있다

실패했을 때…

남 탓이나 상황 탓으로 돌린다

⬇

의욕이 없는 유형

이런 불경기에 매출을 올리는 건 거의 불가능해요.

상대의 설명이 부족했어요.

실패했을 때…

자기 탓이라며 만회할 기회를 노린다

⬇

의욕이 넘치는 유형

제 이해가 부족했습니다. 사과하러 가도 될까요?

제 생각이 짧았어요. 다시 한번 기회를 주세요.

11 _ 원인 귀속

실패로 좌절한 사람 대처법

Question

일하다 실패하면 크게 상심해서 단숨에 의욕이 바닥으로 떨어지는 직원이 있습니다. 일하다 보면 실패할 때도 있는 법이라 더 강해지지 않으면 앞으로 점점 어려워질 것 같습니다. 어떻게 하면 마음의 체질을 개선하도록 이끌 수 있을까요?

쉽게 좌절하는 직원 때문에 고민하는 경영자나 관리자는 상당히 많다.

업무에서 큰 실수를 저질러 회사에 엄청난 손실을 끼쳤거나, 프레젠테이션도 잘 끝났고 상대의 반응도 좋아서 틀림없이 수주에 성공할 거라고 생각했는데 불발되면 누구나 크게 상심한다.

하지만 작은 실수를 지적하고 고치라고 말했을 뿐인데 심하게 좌절하는 직원이 있으면 무척 난처하다. 부족한 업무 처리를 그냥 넘길 수도 없는 노릇이고, 그 직원의 태도를 두고 거래처에서 불만이 접수되면 한마디 하지 않을 수 없다. 하지만 섣불리 지적했다가 좌절에 빠지면 이 또한 골치 아프고 상당히 신경 쓰인다.

이처럼 쉽게 좌절하는 사람의 마음을 조금 더 강하게 단련시키려면 어떻게 해야 할까? 이 문제도 앞서 언급했던 원인 귀속과 관련이 있다.

▍내적 통제형의 두 가지 유형

앞에서 내적 통제형, 즉 성공과 실패의 원인을 자기 탓으로 돌리는 사람은 의욕이 강하다고 설명했다. 외적 통제형과 비교하면 대략 그런 경향을 보인다는 뜻인데, 사실 내적 통제형에도 좌절에 약한 유형과 강한 유형이 있다. **평소에는 의욕이 넘치지만 작은 실패에도 크게 좌절하며 의욕을 잃는 유형이 있다.**

그런 유형의 특징은 어떨 때 나타날까?

심리학자 버나드 와이너Bernard Weiner가 이 심리의 원리를 해석했다. 와이너는 '내적 통제-외적 통제'라는 차원에서 한 단계 더 나아가 '고정적(안정적)-변동적'이라는 차원을 설정하고, 내적 요인을 고정적인 능력과 변동적인 노력으로 나누었다. 이 책에서는 능력은 노력보다 변하기 어렵지만 상승하기도 하니 고정적이란 말 대신 안정적이라는 말을 사용한다.

내적 통제형에도 안정적인 능력 탓으로 돌리는 유형과 변동적인 노력 탓으로 돌리는 유형이 있다.

원인 귀속의 네 가지 요인

	안정성	
	고정적 (안정적)	변동적
내적 통제	능력, 적성	노력, 기술, 컨디션
외적 통제	업무의 난이도	운

능력은 노력과 비교하면 상당히 안정적이며 갑자기 변하지 않는다. 예를 들어 축구의 경우, 압도적인 실력 차이를 보이며 진 상대에게는 아무리 노력해도 일주일 뒤에 이길 수 있다고 생각하지 않는다. 일도 마찬가지다. 현시점에서 실력이 부족한 사람이 일주일 뒤나 한 달 뒤 갑자기 실력이 늘어날 것으로 기대하는 사람은 없다.

한편 노력은 지금 바로 고칠 수 있다. 적당히 하던 사람이 어떤 일을 계기로 갑자기 열심히 하는 경우를 종종 볼 수 있다. 축구의 경우, 실력 차이가 없는 상대에게 졌을 때 끈기가 부족했고 전략이 잘못됐다는 생각이 들면 다음 주에는 제대로 전략을 세우고 더 끈기를 발휘해 꼭 이기겠다고 의욕을 불태울 수 있다. 일도 마찬가지다. 노력이나 아이디어가 부족했다는 생각이 들면 그 부분을 고치겠다는 각오만 해도 다시 일어설 수 있다.

▌좌절에 약한 유형은 실패를 능력과 적성 탓으로

따라서 **실패했을 때 능력 탓으로 돌리느냐 노력 (부족) 탓으로 돌리느냐에 따라 그 뒤 의욕에 큰 차이가 생긴다**고 추측할 수 있다.

실제 원인 귀속과 좌절에 대한 저항력을 검토한 결과 둘 사이에 밀접한 관계가 있다는 사실이 밝혀졌다.

성공했을 때는 안정적인 능력 덕이든, 변동적인 노력 덕이든 내적 요인 덕이라고 생각하는 사람이 의욕 넘치는 경향을 보였다.

한편 실패했을 때는 같은 내적 요인이라도 노력처럼 변동적인 요인 탓이라고 생각하는 사람은 계속 의욕이 넘쳤지만, 능력처럼 안정적인 요인 탓이라고 생각하는 사람은 의욕이 사그라드는 경향을 보였다.

작은 실수만 지적해도 금세 상심하는 사람은 능력이나 적성 같은 안정적인 요인 탓에 실수했다고 생각해 좌절한다. 이런 생각을 바꾸면 쉽게 좌절하는 심리 경향을 고칠 수 있다.

▌의욕을 높여주는 한마디

좌절에 약한 사람은 실패를 안정적인 능력이나 적성 탓으로 돌리는 버릇이 있다는 사실을 알았다. 그래서 지적을 받으면 '나는 안 돼', '어차피 잘할 리가 없어', '이 일은 나랑 맞지 않아'라며 포기하고 좌절해 의욕이 떨어진다.

일이 잘 안 풀렸을 때 '이 일은 나랑 맞지 않아(적성 결여)'라고 생각하면 의욕이 떨어지지만, '아직 기술이 몸에 익지 않아서 그래(컨디션 부족)', '이번에는 이런저런 일로 집중을 못 했어(컨디션 불량)'라고 생각하면 의욕이 떨어지지 않는다.

직원을 지도할 때도 반드시 이 부분을 신경 써야 한다. 예를 들면 생각만큼 성과를 내지 못했을 때 "조금만 더 했으면 됐는데 아깝네", "기술이 조금만 더 늘면 되겠는데", "컨디션 잘 관리해서 집중력을 높이면 결과가 달라질 거야"와 같이 넌지시 변동적인 요인을 언급하며 개선의 여지가 충분히 있다는 사실을 알려주면 효과적이다.

Evaluation

chapter 2

인사평가의 심리학

어떻게 하면
불만을 해결할 수 있을까?

12 _ 명확한 평가 영역

성과주의로는 알 수 없는 능력

Question

공정한 인사평가를 하려고 관리직 직원들끼리 모여서 회의를 하지만 사람마다 중요하게 생각하는 부분이 달라 방침을 정하기가 어렵습니다. 명확한 평가 기준을 세워 직원들이 수긍할 수 있게 하고 싶은데, 평가 영역을 어떻게 설정하면 좋을까요?

인사평가는 누구에게나 어려운 일이다. 인사평가에 대한 불만은 직원의 의욕을 떨어뜨리고, 나아가 조직 전체의 실적 저하를 불러올 우려가 있다.

그래서 어떻게 하면 모두가 인사평가 결과를 수긍할 수 있을지, 의욕과 실적 상승으로 이어지는 인사평가를 하려면 어떻게 해야 하는지, 많은 회사 경영자가 머리를 쥐어뜯는다.

모두가 수긍할 만한 인사평가를 하고 싶다면 우선 평가 기준을 명확하게 세워야 한다. 평가 기준이 명확하지 않으면 막연하게 느낌으로 평가하거나, 평가자의 개인적인 가치관을 기준으로 평가하는 일이 벌어진다. 그러다 보면 직장 상사의 평가 방식이 잘못되기도 하고, 평가받는 사람은 무슨 평가를 받는지도 알 수 없어 직원들의 불만과 불신이 커질 수 있다.

따라서 무엇을 평가할지 평가 기준을 명확하게 설정하는 것이 중요하다.

▌성과주의 인사평가의 다양한 폐해

예전 국내 기업들은 연공서열을 중요시했지만, **실력 중심인 외국계 기업의 영향을 받아 점차 능력주의에 중점을 두기 시작하면서 성과주의가 도입되었다.**

업무 의욕이 거의 없거나 제대로 성과도 못 내는 연장자가 단순히 나이가 많고 먼저 입사했다는 이유만으로 급여가 더 높은 것을 이해할 수 없다는 불만 섞인 소리를 자주 듣는데, 성과주의를 도입하면 이런 문제를 바로잡을 수 있지 않을까?

하지만 성과주의에도 이런저런 폐해가 있다. 주요 문제 몇 가지를 살펴보자.

① 성과로 이어지지 않는 업무를 소홀히 하는 경향이 두드러진다.
② 업무를 양적 측면으로만 생각해 업무의 질이 떨어진다.
③ 의미 없는 수치화가 이루어져 실질적인 근무 태도가 수치화된 성과에 반영되지 못하는 일이 발생한다.
④ 성과로 이어지기 쉬운 부문과 그렇지 않은 부문에서 의욕 차이가 벌어진다.
⑤ 성과가 모든 것을 대변해주기 때문에 노력하는 자세나 성실한 근무 태도는 평가받기 어렵다.

매출 수치만 보상에 반영되면 매출과 직접 연관 없는 업무는 소홀히 하는 사람이 많아진다. 그러다 보면 신중한 업무 처리가 어려워질지도 모른다. 방문 건수가 성과가 되는 수치화 평가 방법에서는 거래처에서 천천히 신중하게 고객을 응대하는 사람보다 방문 건수만 늘리는 사람이 좋은 평가를 받는 일이 발생한다. 관리부서처럼 성과가 확실하게 눈에 보이지 않는 부서도 제대로 보상받을 수 있는 평가 기준이 없으면 직원들의 의욕이 떨어질 수밖에 없다. 그렇다고 억지로 수치화해도 의미가 없다.

고객을 속이는 방법으로 성과를 낸 기업의 스캔들이 화제를 모으는 이유도 결과가 모든 것을 대변하는 성과주의의 폐해라고 볼 수 있다.

따라서 이런 폐해를 줄이기 위해서라도 **업무의 질적 측면, 업무에 임하는 자세와 같은 성과 이외 요소도 고려할 수 있는 평가 시스템이 구축되어야 한다.**

▌인사평가에 필요한 영역

인사평가 영역을 연구한 심리학자 비스웨스베런 연구팀은 성과만이 아니라 능력과 행동을 포함해 아홉 가지 평가 영역을 제안했다. 이 영역에서는 노력과 태도처럼 직접 성과로 이어지지 않는 측면이나 과정도 평가한다.

인사평가 영역

1. 대인관계 능력
다른 사람과 협력해서 일하는 능력.
고객과 우호관계를 유지하거나 동료와 협력관계를 구축하는 능력.

2. 운영 능력
직장 내 다양한 역할 분담을 조정하고 관리하는 능력. 업무 일정을 관리하거나
직원들을 적절하게 배치해 효과적으로 업무를 분담하는 능력.

3. 질
업무 중 오류의 빈도, 정확도, 완성도, 낭비 정도.

4. 생산성
업무의 양적 측면. 생산량과 판매량.

5. 노력
일을 잘하려고 고군분투한 노력의 양. 자발성, 열의, 근면성, 지속성 등.

6. 직무 지식
업무에 필요한 지식과 최신 지식의 양.
전문적 지식과 최신 지식을 가진 사람과의 인맥.

7. 리더십
타인의 의욕을 높이고 좋은 성과를 끌어내는 능력.

8. 조직문화 수용
조직과 직장의 규칙을 준수하고 직장 상사에게 긍정적인 태도를 보이며,
조직의 규범과 문화를 따르고 불평하지 않는 태도.

9. 소통 능력
정보를 수집하거나 전달하는 능력(구두 또는 문서로)

(비스웨스베런 연구팀, 2005)

일의 양적 측면은 '생산성'으로 평가하고, 질적 측면은 '오류의 빈도', '정확도', '완성도'로 평가한다.

일과 관련된 능력은 대인관계 능력, 운영 능력, 리더십, 소통 능력으로 평가한다. 대인관계 능력은 '다른 사람과 협동하는 능력', '고객과 우호관계를 쌓는 능력', '동료와 협조하는 능력' 등으로 평가한다. 운영 능력은 '역할 분담을 조정해 관리하는 능력', '일정 관리 능력' 등으로 평가한다. 리더십은 '직원의 의욕을 북돋워 성과를 내게 하는 능력'으로 평가한다. 이 능력은 운영 능력과 겹치는 부분도 있다. 소통 능력은 '정보 수집 능력', '정보 전달 능력'으로 평가한다. 인간관계에서 소통 능력은 대인관계 능력에 속한다.

또한 일의 성과만이 아니라 과정과 노력하는 자세도 배려할 수 있도록 노력과 직무 지식도 평가한다. 노력은 '자발성', '열의', '근면성', '지속성'으로 평가한다. 직무 지식은 업무와 관계된 '필요 지식'과 '최신 지식'을 얼마나 가졌는지, 또 전문 지식과 최신 지식의 '정보원'과 인맥을 맺고 있는지로 평가한다.

조직의 일원으로 일하려면 조직문화를 수용할 줄도 알아야 한다. 이는 '규칙 준수', '직장 상사와의 원만한 관계', '회사 문화에 적응하는 자세'로 평가한다.

다만 이렇게 **평가 영역을 명확하게 정해도 이것으로 객관적이고 공정한 평가를 할 수 있다고 생각한다면 큰 오산이다.** 아무리 평가 영역을 세분화해도 각 영역의 구체적인 평가는 사람이 할 수밖에 없고, 이때 주관이 개입되기 때문이다(다음 장 참고).

13 _ 기분 일치 효과

사람은 선입견으로 사람을 평가한다

Question

직원을 평가하는 위치에 있는 사람으로서 되도록 공정한 평가를 하고 싶지만, 기분이 평가에 영향을 준다는 말을 듣고 신경이 쓰입니다. 제가 평가를 받는 쪽이었을 때 기분에 따라 모든 것을 정하던 상사가 있었습니다. 정말 저도 모르는 사이 기분이 인사평가에 영향을 주지 않을까요?

인사평가는 직원 한 사람 한 사람의 인생을 좌우하는 만큼 평가하는 사람도 매우 신경 쓰는 부분이다. 하지만 평가자도 사람이다 보니 아무리 객관적으로 평가하려고 해도 무의식중에 주관이 개입할 위험을 배제하기는 매우 어렵다.

특히 인간은 자기도 모르는 사이 기분에 따라 움직이는 면이 있는 게 사실이다. 다음에 제시한 한 직원의 말은 이 사실을 보여주는 전형적인 사례다.

"제 팀장님은 편애가 심해 제 후배를 노골적으로 드러내놓고 좋아합니다. 말을 건네는 태도만 봐도 알겠고, 업무적으로도 실적을 올리기 수월한 일이나 우리 회사에 우호적인 거래처 일은 죄다 후배에게 돌아갑니다. 더는 두고 볼 수 없어서 고민 끝에 큰맘 먹고 한마디 했는데, 예상과 달리 상사가 제 말에 귀를 기울여주고 진지하게 받아들여주었습니다. 더 놀라운 것은 상사는 자신이 편애한다는 자각이 전혀 없었습니다. 제가 하는 일도 제대로 평가하고 있다고 말했습니다. 그렇게 티가 나도록 편애하면서도 본인은 몰랐다는 말에 어이가 없었지만, 이래서는 변하지 않겠구나 하는 생각에 절망했습니다."

이런 사례를 들을 때마다 사람이 얼마나 상황을 주관적으로 판단하는지 다시 한번 깨닫게 된다. 특히 기분 일치 효과의 영향을 주의하자.

▌기분에 맞는 내용을 기억하고 회상한다

나는 다양한 나이대 사람들의 인생 이야기를 들어왔다. 지금까지 살아온 인생에 대해 자유롭게 이야기해보라고 하면 즐겁고 적극적으로 살아온 사람은 대부분 긍정적인 사건을 이야기하지만, 기분이 안 좋고 불만이 많은 사람은 주로 부정적인 사건을 이야기한다. 하지만 어린 시절부터 지금까지 연대표를 만들어가듯이 순서대로 주요 사건을 들어보면 전자보다 후자가 부정적인 일을 특별히 많이 경험하지는 않았다.

즐거운 일과 기쁜 일, 괴로운 일과 안타까운 일을 똑같이 경험했는데, 어째서 기분이 안 좋은 사람은 즐겁게 사는 사람보다 부정적인 일을 많이 언급할까?

이때 기억의 기분 일치 효과가 작용한다.

심리학자 고든 바우어Gordon Bower는 기억의 기분 일치 효과 실험에서 절반의 사람은 즐겁게, 나머지 절반은 슬픔에 잠기도록 유도한 뒤 즐거운 일화와 슬픈 일화가 다수 그려진 이야기를 읽게 했다.

그리고 다음 날 이야기 속에 등장했던 일화를 떠올려보라고 했다.

그 결과 그들이 떠올린 일화의 전체 개수에는 차이가 없었지만, **즐거운 기분으로 이야기를 읽은 사람들은 주로 즐거운 일화를 떠올렸고, 슬픈 기분으로 이야기를 읽은 사람들은 주로 슬픈 일화를 떠올렸다.** 떠올린 내용은 분명 기분에 따라 그 방향이 정해졌다.

기분 일치 효과는 기억할 때뿐만 아니라 기억을 떠올릴 때도 작용한다. 항상 기분이 안 좋은 사람이 자주 불평을 늘어놓는 이유는 불쾌한 사건들만 일어났기 때문이 아니라 불쾌한 사건들을 더 쉽게 기억하고 더 쉽게 떠올리기 때문이다.

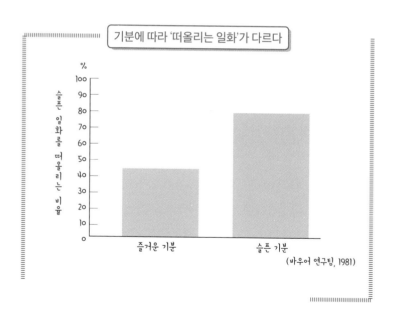

기분에 따라 '떠올리는 일화'가 다르다

(바우어 연구팀, 1981)

▌인사평가에도 영향을 주는 기분

심리학자 조지프 폴 포거스Joseph Paul Forgas와 바우어는 절반은 즐거운 기분, 나머지 절반은 불쾌한 기분이 되도록 유도하고 한 인물의 인상을 평가하는 실험을 했다. 그 결과 즐거운 기분인 사람은 대부분 긍정적인 평가를 했고, 불쾌한 기분인 사람은 주로 부정적인 평가를 했다.

어째서 기분에 따라 사람에 대한 평가가 달라질까? 이는 기억의 기분 일치 효과와 관련이 있다.

그들은 실험 참가자들에게 제시한 인물에 대해 생각나는 사실을 떠오르는 대로 말하게 했을 뿐인데, **기분이 좋은 사람은 부정적인 특징보다 긍정적인 특징을 훨씬 많이 떠올리는 데 반해, 기분이 안 좋은 사람은 긍정적인 특징보다 부정적인 특징을 많이 떠올렸다.**

여기서 우리는 기분에 따라 떠올리는 생각이 다르므로 상대방의 평가도 달라질 수 있다는 사실을 알 수 있다.

직원 A와 직원 B는 각자 장점도 있고 단점도 있으며, 이를 보여주는 사건도 많았다고 하자. 하지만 A와는 마음이 잘 맞고 같은 취미를 가지고 있어 즐겁게 담소를 나누기도 하는데, B와는 일반적인 업무 이야기만 나누는 정도다. 이 상황에서 각 인물에 대해 평가한다면 A를 떠올릴 때가 B를 떠올릴 때보다 더 기분 좋을 것이다.

결국 업무 성과나 노력하는 자세에 큰 차이가 없을 경우, A를 더 좋게 평가할 가능성이 높다. 이는 기억의 기분 일치 효과로 인해 A

의 장점과 성과를 더 쉽게 떠올리기 때문이다. 특별히 편애하지 않고 성과와 노력하는 자세를 보고 평가한다 하더라도, 그 근거가 되는 기억이 상대와 함께 있을 때 느끼는 기분의 영향을 받는다.

따라서 인사평가를 할 때는 기분이 미치는 영향을 배제하도록 신경 써야 한다.

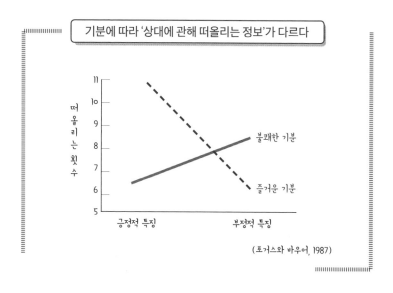

기분에 따라 '상대에 관해 떠올리는 정보'가 다르다

(포거스와 바우어, 1987)

14 _긍정적 착각

과대평가가 오해를 낳는다

Question

될 수 있으면 공명정대하게 평가하려고 신경 쓰는데, 사내에서 인사평가에 대한 불만이 커지고 있는 듯합니다. 어떻게 하면 이런 불만을 해소할 수 있을까요?

인사평가에 대한 불만이 없는 회사는 없다. '12_명확한 평가 영역'에서 인사평가 영역에 관해 설명했지만, 아무리 평가 기준을 고민해도 인사평가에 대한 불만이 사라지지는 않는다. 그렇다고 아무런 고민도 할 필요가 없다는 말은 아니다.

정당한 인사평가를 하기란 그 무엇보다 어렵다. 평가자가 아무리 공평하게 평가하려고 해도 결국은 틈이 생기고 만다. 또 설사 정당한 평가가 이루어졌다고 해도 불만을 가진 사람은 반드시 나오기 마련이다.

인사평가 시스템이 갖춰져 있고 다양한 아이디어가 나오고 있는데도 어느 회사나 불만이 넘쳐난다. 사실 이 문제는 심리적 요인과 깊은 관련이 있다.

누구나 자신을 과대평가한다

사람은 누구나 자기애가 강하고 자신이 특별하다고 생각해 자신을 과대평가하는 경향이 있다. 예컨대 열심히 노력했는데 동료도 똑같이 노력한 상황이라 둘의 평가에 차이가 없을 경우, '그렇게 열심히 했는데 왜 알아주지 않지!'라는 불만이 생길 수 있다. 이는 동료도 마찬가지다. 따라서 각자 불만을 품게 된다.

이렇게 **자신을 과대평가하는 심리 경향을 '긍정적 착각**positive illusion**'이라고 한다.**

심리학자 데이비드 더닝David Dunning 연구팀은 이에 관해 매우 흥미로운 연구를 했다.

그들은 한 연구를 통해 60%의 사람이 자신의 운동 능력이 '평균 이상'이라 생각하고, 자신이 '평균 이하'라 생각하는 사람은 6% 밖에 안 된다는 사실을 알았다. 평균 웃도는 사람이 60%나 되는 일은 통계적으로 불가능하다. 보통은 '평균 이상'과 '평균 이하'가 20~30%고, 나머지는 '평균'이다. 운동 능력처럼 비교적 객관적으로 알기 쉬운 성질에서도 자기인지는 이 정도로 왜곡되어 있었다.

그렇다면 리더십 능력은 얼마나 왜곡해서 인지할까? 결과를 보면 예상대로 70%가 자신은 '평균 이상'이라 생각했고, '평균 이하'라 생각하는 사람은 고작 2%뿐이었다. 평균을 웃도는 사람이 70%나 되고 평균을 밑도는 사람이 2%밖에 안 되는 일은 현실적으로 불가능하다.

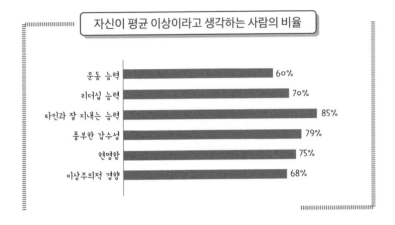

자신이 평균 이상이라고 생각하는 사람의 비율

운동 능력 60%
리더십 능력 70%
타인과 잘 지내는 능력 85%
풍부한 감수성 79%
현명함 75%
이상주의적 경향 68%

　타인과 잘 지내는 능력에 대한 자기인지의 왜곡은 더 심하다. 이 부분은 기준이 명확하지 않아 실제로는 잘 지내지 못해도 자신은 잘 지내고 있다고 착각하기 쉽다. 데이터를 보면 무려 85%가 자신은 '평균 이상'이라 생각하고 '평균 이하'라고 생각하는 사람은 한 명도 없었다.

　다른 조사 데이터에서는 관리직의 90%가 자기 능력이 다른 관리직 직원보다 뛰어나다고 생각하며, 대학교수의 94%가 자신이 평균보다 높은 업적을 쌓고 있다고 생각한다는 사실을 알 수 있었다.

긍정적 착각이 불만을 낳는다

이제 얼마나 많은 사람이 자신을 과대평가하는지 알았을 것이다.

긍정적 착각이 불만의 배경에 자리하고 있다는 사실을 간과해서는 안 된다.

양심적인 회사 경영자들은 성과만이 아니라 노력하는 자세와 고객을 대하는 성실한 태도도 평가에 포함하고, 여러 관리직과 의논해 평가 결과를 정하는데도 직원들의 불만이 사라지지 않으니 어떻게 하면 좋을지 모르겠다고 말한다.

이때는 긍정적 착각을 고려해야 한다. 자기 능력이 주변 사람들의 평균보다 꽤 낮은데도 평균 이상, 또는 평균 수준이라고 믿는 경우가 많다. 또한 성과가 주변 사람들보다 분명히 떨어지는 사람도 자기는 평균 이상, 또는 평균 수준의 성과를 내고 있다고 믿는 경우가 많다.

따라서 **설령 정당한 평가를 받았다고 해도 대부분 긍정적 착각의 영향으로 '나는 정당한 평가를 받지 못했다'고 느낀다.** 따라서 인사평가 시스템을 정비해도 불만이 사라지지 않는다.

▌긍정적 착각에 관한 지식을 공유한다

그래서 전 직원이 긍정적 착각에 관한 지식을 공유하는 것이 중요하다. 사람들은 보통 자신이 속한 문화에서 중요하게 여기는 성질을 과대평가한다. 따라서 좀처럼 성과를 내지 못해 인사평가가 좋지 않을 때 '이처럼 성실하게 일하는데 왜 알아주지 않지?'라며 불만을 품기 쉽다. 다른 사람들도 다 성실하게 일했다는 것을 알면서도 그런 불만을 갖는다. 또는 '이처럼 성실하게 고객 응대를 했는데 어째서 몰라주는 거야'라고 불만을 품기도 한다. 다른 사람들도 다 성실하게 고객 응대를 했는데 자신의 노력만 보상받지 못했다고 생각한다.

회사에 떠도는 인사평가에 대한 불만을 해소하거나 줄이려면 되도록 정당한 평가를 하려고 노력해야 하지만, 이와 함께 **긍정적 착각과 같은 심리의 작동원리를 전 직원이 공유하는 교육도 중요하다.**

15 _ 더닝 크루거 효과

능력 없을수록
자신을 과대평가하는 이유는?

Question

일을 잘 못하는 직원에게 아무리 주의를 줘도 나아지지 않습니다. 아무래도 자기 업무능력에 대한 자각이 부족한 듯합니다. 지나치게 긍정적인 성격이라서 그런지, 실수를 해도 진지하게 받아들이지 않고, 주의를 주면 대답은 잘 하는데 행동에 변함이 없습니다. 실제로 실수가 잦아서 성과도 내지 못하는데, 왜 업무수행 방식을 개선할 생각을 못 할까요?

이와 비슷한 질문을 자주 듣는 것을 보면 이런 직원이 있는 회사가 꽤 많은 모양이다.

미국에서 긍정 심리학이 등장한 2000년 이후 긍정적으로 살자는 구호가 널리 퍼졌다. 물론 좋은 점도 있었지만, 지나치게 널리 퍼져 애당초 너무 낙관적이라서 반성하는 습관이 없는 사람, 모든 일을 깊이 생각하지 않는 사람들의 착각이 넘쳐나게 되었다.

물론 긍정적이라는 것 자체는 나쁜 것이 아니다. 지나치게 부정적이어서 조금만 주의를 줘도 좌절하고 일을 놓아버리면 곤란하다.

하지만 아무리 주의를 줘도 진지하게 받아들이지 않고 말을 깊이 새기지 않는 직원도 곤란하긴 마찬가지다. 비슷한 실수를 계속 반복해서 한마디 하면 "네, 알겠습니다" 하고 대답은 잘하지만 행동은 전혀 바뀌지 않고 비슷한 실수를 반복한다.

때로는 프로젝트를 시작할 때 구성원을 모으려고 하면 아무리 봐도 능력이 부족해 보이는 사람이 자신만만하게 나서기도 한다. 그럴 때는 어떻게 하면 상처 주지 않고 거절할지 고민하게 된다.

▌능력이 없는 사람일수록 자신의 능력을 과대평가한다

능력이 부족한 직원이나 업무를 대하는 자세가 진지하지 못한 직원에게 아무리 주의를 줘도 심각하게 받아들이지 않고 조금도 달라지지 않아서 난감하다는 고민을 토로하는 회사 경영자나 관리자가 많다.

왠지 모르겠지만 일을 잘 못하는 직원은 천하태평이고 주의를 주거나 충고를 해도 받아들이지 않는다. 오히려 일을 잘하는 직원이 겸손하고 걱정이 많아 상사가 하는 말을 진지하게 듣는다. 이미 많은 사람이 그렇게 느끼겠지만, 심리학자 데이비드 더닝과 저스틴 크루거 Justin Kruger가 이를 실제로 증명했다.

그들은 몇 가지 능력을 측정하는 테스트를 시행하고 동시에 본인에게 각각의 능력을 스스로 평가하게 하는 실험을 했다.

실제 테스트 점수를 보고 최상위 그룹, 평균 이상 그룹, 평균 이하 그룹, 최하위 그룹으로 나누어 각자 자신의 실력을 어떻게 평가하는지 조사했다.

결과는 아주 흥미로웠다.

예를 들어 유머 감각 부분에서 최하위 그룹은 자신들이 평균 이상이라고 생각했지만 실제 점수는 평균과 비교해 현저히 낮았다. 한편 최상위 그룹은 과대평가 경향을 보이지 않고 오히려 자기 점수를 실제보다 낮게 예상했다. 논리적 추론 능력에서도 같은 경향을 보였다.

실제 점수를 보면 최하위 그룹 사람들은 전체의 약 90%가 그들보다 점수가 좋은데도 불구하고 자신의 점수가 평균 이상이라고 굳게 믿고 있었다.

다른 실험에서도 결과가 같아 **능력 없는 사람일수록 자신의 능력을 심하게 과대평가**하고, 반대로 능력 있는 사람일수록 자신의 능력을 과소평가하는 경향이 있다는 사실이 증명되었다. 이를 '더닝 크루거 효과'라고 한다.

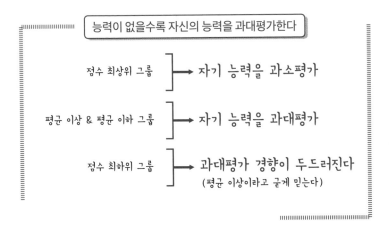

능력이 없을수록 자신의 능력을 과대평가한다

점수 최상위 그룹 ▶ 자기 능력을 과소평가

평균 이상 & 평균 이하 그룹 ▶ 자기 능력을 과대평가

점수 최하위 그룹 ▶ 과대평가 경향이 두드러진다
(평균 이상이라고 굳게 믿는다)

▌능력 없는 사람은 자기 능력이 낮다는 사실을 깨닫지 못한다

실험 결과, 능력이 없는 사람은 무언가를 할 수 있는 능력도 없을 뿐만 아니라 자신의 능력이 낮다는 사실을 깨달을 능력도 없었다. **일을 잘 못하는 직원일수록 자신의 위기 상황을 자각하지 못하는 이유가 바로 여기에 있다.**

직장 상사는 같은 실수를 반복하면서도 어째서 고치지 못하는지 이상하다고 지적하지만, 정작 본인은 아무리 주의를 받아도 잦은 실수로 자신이 곤란한 상황에 있다는 사실 자체를 깨닫지 못해 진지하게 고치려는 생각을 하지 못한다.

분명 지식이 부족한데 공부도 안 하고 태평하게 잡담이나 하고 있어 화가 난다는 직장 상사도 있는데, 당사자는 자신의 지식이 부족하다는 사실을 모르기 때문에 위기의식이 없다.

아직 능력이 부족한데 어떻게 프로젝트 구성원 모집에 스스로 나설 수 있는지, 왜 그렇게 눈치가 없는지 이해할 수 없다는 사람도 있지만, 당사자는 그 업무를 하기에 자신의 능력이 부족하다는 사실을 알 턱이 없으니 자신 있게 나서는 것이다.

▌인지능력을 단련하라

그렇다면 자신의 현 상황을 깨닫지 못하는 사람을 어떻게 대해야 할까? 만약 당신이 누군가에게 능력 없다는 사실을 깨달을 능력조차 없다는 말을 듣는다면 어떨까? 당연히 반발하며 순순히 받아들일 리 없다.

무엇보다 자기 자신이 먼저 깨달아야 한다. 이런 사람은 대부분 자기 계발을 위해 적극적으로 책을 읽는 습관이 없을 테니 강제로 공부하는 시간을 정해 다 함께 책 읽는 방법을 이용하는 것도 좋다. 직장에서 그런 여유가 어디 있느냐고 할 수도 있으나 며칠 간격으로 15분이든 30분이든 상관없다.

어떤 책이든 좋으니 논리적인 책을 읽어라. **독해력이 좋아지면 인지능력이 좋아지고 자신을 과대평가하는 경향이 줄어든다는 사실이 심리학 실험을 통해 증명되었다.** 그뿐만 아니라 독해력이 좋아지면 다른 사람의 말을 잘 이해할 수 있어 실수나 소통의 문제도 줄어든다.

업무수행 방식을 고치지 않는 이유

더닝 크루거 효과

능력 없는 사람은 자신이 능력 없다는 사실을 깨달을 능력조차 없다.

아무리 주의를 줘도 의도를 파악하지 못한다.

인지능력을 단련하는 데는 독서가 효과적이다

16 _ 성과주의, 노력주의, 평등주의

호봉제는 정말 나쁠까?

Question

호봉제에서 성과주의로 바뀌면 근속 연수나 나이와 관계없이 노력한 만큼 보상을 받으니 바람직하다고 생각했습니다. 그런데 다 좋지만은 않다는 말도 들리고 유교문화권 나라에서 나고 자란 사람에게는 익숙하지 않은 부분도 있다고 들었습니다. 도대체 무슨 뜻인가요?

과거 기업들은 당연하다는 듯이 호봉제를 채택해왔다. 연장자를 공경하고 선배에게 경의를 표해야 한다는 생각이 사회에 뿌리박혀 있던 시대에는 이런 시스템을 누구나 당연하게 받아들였다.

하지만 이제는 다양한 분야에서 성과주의를 받아들이면서 사람들의 인식도 변해, 호봉제에 대한 이런저런 불만이 제기되고 있다.

예를 들면 젊은 세대에서 단지 연장자라는 이유로 업무 성과가 낮은 사람의 급여가 자신보다 높은 것을 이해할 수 없다는 불만이 나오고 있다.

또한 나이에 상관없이 열심히 일해서 조직에 공헌하든, 대충대충 적당히 일하든, 매년 연봉 인상분이 같아 급여에 차이가 없는 것을 수긍하기 어렵다는 불만의 소리도 높다.

그래서 이대로는 의욕을 높게 유지하기 어렵다는 생각에 많은 조직이 능력과 성과를 심사하는 방법을 도입하고 있다.

하지만 낯선 문화의 제도를 도입하면 문화적 전통이 달라 반드시 폐해가 발생하기 마련이다. 성과주의와 관련해서도 이런저런 폐해가 드러났고, 결국 성과주의 중심의 인사평가 제도를 재검토하는 조직이 나타나고 있다.

문화적 배경을 고려하지 않고 무작정 서양식 제도를 도입하려고 하기보다, 섣불리 성과주의를 도입해 실패하는 일이 없도록 먼저 제도의 장단점을 제대로 이해해야 한다.

▌성과주의에서는 노력한 만큼 보상받는다?

젊은 직원들은 "호봉제는 대충 일해도 연장자가 월급을 많이 받는 점이 이해가 안 됩니다. 성과주의로 하면 그런 부분에서 나가는 지출이 줄어드니까 젊은 직원들의 월급이 오르지 않을까요? 그래서 성과주의를 좀 더 반영했으면 좋겠습니다", "모든 면에서 노력한 만큼 보상을 받는 성과주의였으면 좋겠습니다"라며 성과주의 예찬론을 거론한다.

하지만 정말 그럴까?

'성과주의로 하면 젊은 직원들의 급여가 오른다'는 말은 반은 맞고, 반은 틀리다. 입사 연차에 따라 이유 없이 지급되던 급여를 절약해서 그만큼 성과를 낸 젊은 직원의 급여를 인상해 보상해준다는 의미에서는 맞는 말이다.

하지만 사실 성과주의로 하면 입사 연차가 높은 사람이든 젊은 직원이든, 나이와 관계없이 성과를 낸 만큼 급여가 오르기 때문에 무조건 젊은 직원에게 득이 된다고 볼 수는 없다. 즉 **각 나이대에서**

도 동갑이든 입사 동기든 관계없이 급여가 크게 차이 날 수 있다.

또한 '성과주의로 하면 노력한 만큼 보상받는다'는 생각은 큰 오산이다. 성과주의는 모든 것을 성과로 판단한다. 따라서 아무리 노력해도 성과를 내지 못하면 연봉협상에서 최하위 그룹에 속하게 된다.

동양 문화권에서는 노력을 존중하는 문화적 전통이 있고 노력주의가 뿌리내리고 있어 이런 오해가 생긴 듯하다. 하지만 **서양식 성과주의는 노력이 아니라 성과로만 평가한다.**

운동선수를 예로 들면 이해하기 쉽다. 야구선수의 연봉은 투수라면 승리 수, 세이브 수, 볼 수, 방어율 성적으로 정하고, 야수라면 타율, 타점, 홈런 수, 희생타 수, 사사구, 도루 수, 수비율 성적으로 정한다. 아무리 피나는 연습을 하더라도 좋은 성적을 내지 못하면 좋은 평가를 받지 못한다. 따라서 고액 연봉을 받는 신인 선수도 있고,

필사적으로 노력해도 2군에서 올라오지 못하고 박봉에 시달리다 해고당하는 선수도 있다.

성과주의를 도입한 회사도 이와 마찬가지로 매출이나 계약 건수 같은 성과에 따라 연봉을 계약하기 때문에 성과를 내는 사람은 나이와 관계없이 고액 연봉을 받을 수 있지만, 좀처럼 성과를 내지 못하는 사람은 아무리 성실하게 노력해도 박봉에 시달릴 수밖에 없다.

동양 사회에 뿌리박힌 노력주의와 평등주의

성과주의에 관해 '노력하는 만큼 보상받는다'는 오해가 널리 퍼진 이유도 노력은 존중받아야 하며, 결과가 다가 아니라는 노력주의적 발상에서 생겨났다고 볼 수 있다. 열심히 최선을 다해 노력하면 설사 성과로 이어지지 못하더라도 알아줄 거라는 생각은 성과주의가 아니라 노력주의적 발상이다.

동양 사회에는 평등주의적 발상이 깊이 침투해 있다. 그러다 보니 회사에서 입사할 때부터 학력과 능력에 따라 연봉이 차이 나는 것을 견디지 못하는 것 아닐까? 하지만 성과주의가 자리 잡은 서양에서는 이것을 당연하게 여긴다.

이처럼 다른 문화에서 만들어진 제도를 도입할 때는 문화적 전통을 고려해 절충하는 노력이 필요하다. 부분적으로 성과주의를 도입한 조직은 많지만, 전면적으로 실시하지 않는 이유도 그 때문이다.

17 _ 모성 원리, 부성 원리

평가에도 문화적 차이가 있다

Question

학교의 성적 평가 방식이나 직장의 실적 평가 방식을 보면 서양 국가와 한국, 일본과 같은 동양권 국가는 엄격함이 크게 다르다고 합니다. 확실히 세계화를 내세우며 이곳저곳에서 서양의 방식을 도입하고 있지만, 성적 평가에 관해서는 동양이 아직 관대한 편이라고 생각합니다. 이런 면이 약점일까요, 아니면 강점일까요? 그리고 이런 차이는 왜 생기는 걸까요?

서양식 성과주의의 배경에는 부성 원리가, 동양식 노력주의와 평등주의의 배경에는 모성 원리가 작용하고 있다.

서양 국가에서는 일단 채용해도 기대했던 능력을 보이지 못하면 바로 해고하고, 당사자도 어쩔 수 없는 일로 받아들인다. 하지만 한국이나 일본 등의 나라에서 같은 일이 발생하면 '불쌍하다', '비인간적인 처사다'라며 금세 동정 여론이 일어 해고한 회사 측이 비난을 받는다.

노력주의를 신봉하는 이유도 '결과가 다가 아니다. 노력한 자세도 평가해야 한다'라는 생각 때문이다. 그래서 노력했으나 성과를 내지 못한 사람을 내치는 일에 거부감을 느끼고, 그런 결정을 내린 조직은 '비정하다', '너무 냉정하다'며 비난받기 일쑤다.

평등주의를 표방하는 이유도 '키가 큰 사람과 작은 사람이 있고, 달리기에서 빠른 사람과 느린 사람이 있는 것처럼 업무 능력에도 뛰어난 사람과 부족한 사람이 있다. 따라서 같은 인간인데 대우에 차이를 두는 것은 이상하다'고 생각하기 때문이다.

동서양 국가 사이에는 어째서 이런 차이가 있는 걸까? 모성 원리와 부성 원리의 특징을 정리하면서 그 이유를 생각해보자.

▌모성 원리와 부성 원리의 장단점

예전에 『모성사회 일본의 병리母性社会日本の病理』라는 책에서 현재의 '히키코모리(사회에 적응하지 못하고 집에 틀어박혀 지내는 사람-옮긴이)' 문제를 분석한 심리학자 가와이 하야오河合隼雄는 **모성 원리는 '포용하는' 기능으로 대표되고, 부성 원리는 '끊어내는' 기능으로 대표된다**고 말했다.

그러면서 모성 원리는 좋은 일이든 나쁜 일이든 모두 포용하고 모든 아이를 평등하게 대하는 데 반해, 부성 원리는 무엇이든 나누어서 분류하고 아이를 그 능력과 개성에 맞춰 구분한 다음 둘을 대비시킨다고 설명했다.

모성 원리에 따르면 아이의 개성과 능력에 상관없이 내 자식이면 모두 똑같이 예쁘다. 하지만 **모성 원리에는 따뜻하게 감싸주며 심리적 버팀목이 되어주는 긍정적인 면과 동시에 과잉보호로 성장을 방해하는 부정적인 면도 있다.**

한편 부성 원리에 따르면 의무를 다하거나 능력을 발휘한 사람만

부성 원리와 모성 원리

부성 원리

서양식 성과주의 배경에는…
➡ 의무를 다하거나 능력을 발휘한 사람만 인정한다.

모성 원리

동양식 노력주의와 평등주의 배경에는…
➡ 능력과 성과에 상관없이 모두 평등하게 받아들인다.

무의식중에 문화적으로 마음에 새겨진
감수성에는 이와 같은 원리가 작동한다.

인정하기 때문에 의무를 이행하지 않는 자와 능력을 발휘하지 못한 자는 내쳐야만 한다. 이런 **부성 원리에는 강한 인물을 키워낸다는 긍정적인 면과 동시에, 성장으로 내모는 힘이 너무 강해 오히려 마음을 약하게 만들거나 때로는 포기하게 만든다는 부정적인 면이 있다.**

▌점점 모성 원리가 강해지는 동양 사회

교육제도만 봐도 부성 원리가 강한 서양 국가에서는 학년에 맞는 학력을 갖추지 못하면 진급시키지 않아 초등학교 저학년에도 유급생이 있다. 대학교도 당연히 학력을 제대로 갖추지 못하면 졸업할 수 없고, 퇴학을 당하거나 더 낮은 수준의 대학으로 옮기는 일도 생긴다.

반면 모성 원리가 강한 동양 국가에서는 초등학교는 물론, 중학교와 고등학교에서도 학력 수준이 아무리 낮아도 거의 모든 학생이 진급하고, 대학에서도 유급시키는 일이 많지 않아 보통은 졸업할 수 있다.

꼭 어느 쪽이 좋다는 것이 아니라 이것은 문화의 차이이며, 각자 좋은 면이 있으면 나쁜 면도 있다는 의미다.

저자가 있는 일본은 점점 모성 원리가 강해져 경쟁 배제와 스트레스 완화를 위해 중학교와 고등학교 정기시험 성적을 발표하지 않거나 추천 입시를 늘리기도 하고, 대학에서도 성적과 출석 상황을 부모에게 알려 부모가 관리하도록 촉구하기도 한다.[1]

이렇게 성장 환경에서 엄격한 관리가 사라지면서 마음을 단련할 기회를 갖지 못하고, 스트레스에 대한 내성을 키우지 못한 채 사회로 나가게 된다.

---

[1] 한국도 초등학교와 중학교 성적표에 등수를 표기하지 않고, 중간·기말고사 등의 시험을 폐지 및 축소하고 있다. 또한 대입 전형에서 수시 입학 전형을 계속 확대해왔다.

▎모성 원리가 강한 문화적 강점을 살려라

세계화 시대를 맞아 서양 국가에서 강력한 부성 원리로 마음을 강하게 단련한 사람들이 몰려온다. 또한 그런 외국의 인재들과 경쟁하거나 협상하며 비즈니스를 해나가야만 한다.

그런데도 사회가 모성 원리가 점점 더 강해져 과잉보호 속에서 자라 마음을 단련하지 못하고 쉽게 상처 입는 젊은이들만 양성한다면 이는 심각한 위기 상황이 아닐 수 없다. 따라서 자녀 양육과 교육에서 모성 원리의 폭주를 제어하고, 마음을 단련하는 시스템을 재구축해야 한다.

다만 기업은 모성 원리가 강한 문화의 강점을 잃지 않아야 한다. 부성 원리가 강한 서양 국가에서는 능력이 특별히 뛰어난 사람이 아니면 아무리 열심히 노력해도 금세 버려지기 때문에 미리 포기하고 무기력에 빠지거나 마음이 흔들리기 쉽다.

반면 모성 원리가 강한 사회는 인정이 많고 사람을 쉽게 내치지 않아 조직 결속력에 강점이 있다.

이런 강점을 유지하면서 노력한 사람이 보상받고, 나아가 성과를 낸 사람이 보상받는 평가 시스템을 적절하게 조합하면 모두가 희망을 품고 일하며, 사회에 공헌할 수 있지 않을까?

18 _ 상대평가, 절대평가, 개인평가

평가 활용 방법

Question

직원을 능력과 성과에 근거해서 평가하다 보면 원래 가진 능력과 경험에 차이가 있어 아무리 노력해도 보상을 받지 못하고 의욕을 잃어버리는 직원이 생깁니다. 그런 직원도 힘내서 열심히 일하게 하려면 평가 방법을 어떤 식으로 바꾸는 것이 좋을까요?

회사 경영자들은 모든 직원이 희망을 품고 의욕 넘치게 일하는 직장을 만들려면 어떤 평가 시스템이 필요할지 고민한다. 직원 모두가 자신의 능력을 발휘하고 회사와 사회에 공헌하기를 바란다.

하지만 능력이란 타고난 재능에 따라 차이가 날 수밖에 없으니 성과주의가 만연한 사회에서는 본인이 지난 분기보다 실적을 높였다고 해도 그 이상 실적을 올린 사람이 있으면 좋은 평가를 받을 수 없다. 그래서 성과를 올려도 의욕 상승으로 이어지지 않는 일이 발생한다.

그렇다고 성과주의를 도입하지 않으면 아무리 높은 실적을 올려도 정당한 평가를 받지 못하니 의욕이 떨어진다. 조직으로선 큰 손실이다. 모두가 의욕을 높게 유지할 수 있는 인사평가 시스템을 만들려면 어떻게 해야 할까?

▌평가의 세 가지 방법

인사평가를 어떻게 할지 검토할 때 세세한 평가 기준을 설정하기도 하는데, 우선 큰 틀부터 확인해야 한다.

능력과 성과를 평가하는 주요 방법에는 상대평가, 절대평가, 개인 평가가 있다. 이 세 가지 평가는 각각 다음과 같은 특징을 지닌다.

1. 상대평가
집단 내에서 상대적 위치를 정해 평가하는 방법이다.

중학교와 고등학교의 시험이나 모의고사에서는 편차를 산출하는데, 이것이 수험생의 상대적 위치를 보여주는 전형적인 상대평가다.

직장이라면 영업부에서 직원의 매출량과 매출액의 순위를 매겨 이를 근거로 평가하는 방법이 상대평가다. 다른 사람과 비교해서 높은지 낮은지로 평가하는 것이다.

상대평가의 장점은 같은 일을 하는 직원들끼리 매긴 실적 순위를 바탕으로 하기 때문에 공평하다는 생각이 든다는 점이다.

단점은 개인적으로 열심히 노력해서 지난 분기를 훨씬 웃도는 성과를 내도 다른 직원이 똑같이 노력해 더 좋은 성과를 올리면 자신의 평가가 좋아지지 않는다는 점이다. 이런 경우 아무리 노력해도 '뛰는 놈 위에 나는 놈 있다'라는 사실만 실감하게 되어 의욕이 떨어질 수 있다.

2. 절대평가

다른 사람의 실적이 어느 정도인지와 관계없이 모두에게 적용되는 일정 기준을 달성했는지로 평가하는 방법이다. '달성도 평가'라고도 한다.

편차가 집단 내 상대적 위치를 보여주는 데 반해, 절대평가는 A까지 할 수 있으면 5점 만점에 5점, B까지 할 수 있으면 4점, 이런 식으로 다른 사람과 비교하지 않고 자신이 어디까지 할 수 있는지를 평가하는 방법이다.

직장이라면 매출액이 일정 금액 이상이면 A등급, 얼마 이상 얼마 미만이면 B등급, 얼마 미만이면 C등급, 이런 식으로 다른 직원과 비교하지 않고 절대적 기준을 정해 각 등급에 몇 명이 들어가는지 따지지 않는 방식이다.

절대평가의 장점은 열심히 노력해서 기준을 넘으면 반드시 인정받는다는 점이다. 상대평가처럼 다른 직원이 더 높은 실적을 내어 평가받지 못하는 일은 없다.

단점은 기준 설정이 어렵다는 점이다. 또한 최상위 등급에 속한 사람이 너무 많으면 모두 똑같이 연봉을 인상하거나 승진시킬 수 없으니 최종적으로는 상대평가로 순위를 매길 수밖에 없다.

3. 개인평가

지금까지 자신이 올린 실적을 평가 기준으로 삼는 방법이다.

예를 들어 애초에 학력이 낮은 아이는 전보다 지식을 더 쌓아도 다른 아이들이 그보다 더 많은 지식을 쌓으면 좋은 평가를 받을 수

상대평가와 절대평가의 차이

상대평가

→ **집단 내 상대적 위치**를 정해 평가한다.

장점 실적 순위를 바탕으로 평가하기 때문에 공평하다고 생각한다.

단점 능력이 특출난 사람 외에는 실적을 올려도 좋은 평가를 받기 힘들다.
(능력이 뛰어난 사람이 더 좋은 실적을 내기 때문)

절대평가

→ **일정한 기준에 도달했는지**로 평가한다.

장점 다른 사람과 비교하지 않기 때문에
열심히 노력해서 기준을 넘으면 반드시 인정받는다.

단점 각 등급에 속할 인원수를 추측해서 기준을 설정하기가 어렵다.

없다. 개인평가는 이 부분을 평가하는 방법이다.

직장의 경우, 지난 분기의 매출량과 매출액을 뛰어넘으면 좋은 평가를 받고 넘지 못하면 좋은 평가를 받지 못한다. 이처럼 다른 사람의 실적과 관계없이, 또 모두에게 똑같이 적용하는 절대적 기준을 설정하지 않고, 자기 실적의 향상 여부만 보는 방법이다.

개인평가의 장점은 능력이 부족해서 다른 방법으로는 평가받기 어려운 사람도 노력과 성과를 인정받을 수 있어 의욕이 높게 유지된다는 점이다. 하지만 이 방법만으로 평가하면 능력이 뛰어난 사람들이 불만을 가질 수 있다는 단점이 있다. 예컨대 1,000개를 판매한 사람이 매출을 10% 올리는 일과 100개밖에 팔지 못한 사람이 매출을 10% 올리는 일은 난이도나 공헌도가 크게 다른데도 똑같은 평가를 받으면 일을 잘하는 직원의 의욕이 떨어질 수밖에 없다.

비즈니스 현장에서 목표를 설정할 때는 절대평가와 개인평가를, 자격 인정에는 절대평가를, 종합적인 평가에는 상대평가를 적용하는 것이 일반적이다. 하지만 상대적 위치는 변하지 않아도 꾸준히 능력을 키워가는 직원이 있다면 개인평가 면에서 성장했다는 사실을 언급하는 등 개인적으로 의욕이 떨어지지 않도록 배려가 필요하다.

이와 같은 세 가지 평가 방법 모두 장단점이 있으니 각 특징에 맞춰 적절하게 조합해 사용해야 한다.

개인의 실적 향상 또는 저하를 기준으로 평가

개인평가

→ 지금까지 자신이 올린 실적을 기준으로 평가한다

장점 능력이 부족해도 실적을 올리면 인정받을 수 있으니 능력에 상관없이 의욕을 유지할 수 있다.

단점 능력이 뛰어난 사람이 불만을 가질 수 있다.
(목표 설정에는 절대평가와 개인평가를, 자격 인정에는 절대평가를, 승진에는 상대평가를 적용하는 경우가 많다)

19 _ 가점법, 감점법

실수가 없어야 가장 좋다?

Question

실수하지 않는 것이 중요하다는 분위기가 강해 실수 한 번이 평가에 큰 영향을 주다 보니 모두가 조금 위축된 느낌입니다. 새로운 일을 시도하려고 해도 주위에서 모두 반대합니다. 다들 전에 하던 방식대로 해서 아무 일 없이 넘어가기만 하면 된다는 마음으로 일합니다. 이래서는 회사가 발전할 수 없다는 생각이 들어, 적어도 제가 관리하는 부문만이라도 활력을 되찾아주고 싶은데, 좋은 방법이 없을까요?

요즘은 기술 혁신이 빠르게 이루어지고 전례 없는 사태가 여기저기서 벌어져 모든 업계가 변화에 대응할 힘을 원한다. 이에 따라 개인의 업무수행 방식과 경력 형성에도 큰 변화의 바람이 불고 있다.

이런 격동의 시대에는 전례를 답습해 실수를 막는 수동적 자세만이 아니라, 사회 변화에 대응할 수 있도록 새로운 것에 도전하는 공격적 자세도 필요하다. 공격적 자세를 취하려면 직원들이 위축되지 않고 마음껏 일할 수 있는 인사평가 시스템을 고안해야 한다.

실수하지 않는 것을 가장 중요시하던 시대의 평가 시스템으로는 모두가 수비 태세를 갖출 수밖에 없다. 과감하게 도전하는 사람은 큰 위험을 안아야하니 주변 사람들이 깊이 얽히지 않으려고 거리를 두는 등 불이익을 받기일쑤다. 따라서 무엇보다 직장의 평가 시스템 개혁이 필요하다.

▌위축되지 않으려면

예를 들어 영업 목표를 달성하기 어려운 상황에서 '이대로면 목표를 달성하기 어렵겠는걸. 아무리 노력해도 지금부터 만회하기는 불가능해. 과장님께 혼날 텐데……. 인사평가 점수도 나쁘겠지? 망했다' 이렇게 비관적으로 생각한다면 의욕이 크게 떨어지고 목표를 달성하지 못하는 정도가 아니라 실적이 형편없을 수도 있다.

반면에 '이대로면 목표를 달성하기 어렵겠는걸. 아무리 노력해도 지금부터 만회하기는 불가능해. 그래도 하는 데까지는 해봐야지. 목표를 달성하지는 못하더라도 계약을 한 건이라도 더 딸 수 있도록 힘내자' 이렇게 긍정적인 생각을 하면 의욕을 높게 유지할 수 있다. 이런 사람은 목표를 달성하지는 못해도 비관적인 사람보다 훨씬 높은 실적을 낼 수 있다.

처음부터 포기하기보다는 할 수 있는 만큼 해보자고 긍정적인 마음가짐을 가져야 실적이나 능력 향상을 기대할 수 있다.

긍정 심리학을 제시한 마틴 셀리그만Martin Seligman은 상황을 낙관적으로 받아들이는 유형과 비관적으로 받아들이는 유형을 비교해보면 전자가 공부나 일, 운동에서 모두 성적이 좋다고 말한다. 이는 긍정적인 마음의 힘이라 할 수 있다.

목표를 달성하지 못하면 큰일이라는 생각에 마음이 위축되고, 생각만큼 실적이 오르지 않으면 초조함이 쌓여 실력을 충분히 발휘할 수 없다. 하지만 할 수 있는 만큼이라도 목표를 달성해야겠다고 생각하는 사람은 위축될 일이 없고 자신의 능력만큼 계속 노력할 수 있다('02_성공 추구 동기와 실패 회피 동기' 참고).

직원들이 위축되지 않도록 하려면 어떤 평가 시스템을 적용해야 할까?

▌몇 번의 성공, 몇 번의 실패

신규 고객 유치를 위한 방문판매 영업을 할 때는 계속해서 문전박대를 당해도 끈질기게 붙잡고 늘어지는 자세가 필요하다. 그런 상황에서 의욕을 높게 유지하며 끈질기게 밀어붙이는 사람은 가점법적 발상을 하는 특징이 있다.

'또 거절당했어', '이걸로 다섯 번 연속 문전박대당했네' 하며 몇 번이나 실패했는지 헤아리는 방법이 감점법이다. 반대로 '내 이야기를 진지하게 들어줬어', '세 명이나 관심을 보였어'와 같이 몇 번이나 성공했는지를 헤아리는 방법이 가점법이다.

문전박대당한 비율이 똑같이 80%라고 해도 감점법으로 인지하는 습관이 있느냐, 가점법으로 인지하는 습관이 있느냐에 따라 의욕의 정도가 크게 달라진다. 80%에 달할 정도로 문전박대를 당하면 위축되고 의욕이 떨어지기 마련이지만, 이야기를 들어준 20%로 눈을 돌리면 의욕을 유지할 수 있다.

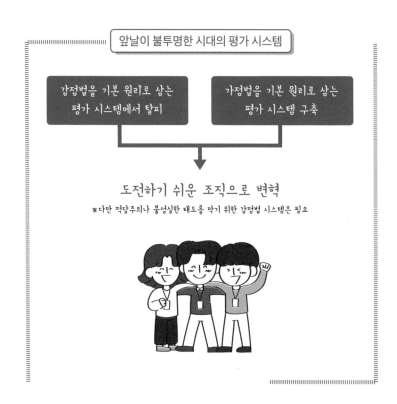

앞날이 불투명한 시대의 평가 시스템

감점법을 기본 원리로 삼는
평가 시스템에서 탈피

가점법을 기본 원리로 삼는
평가 시스템 구축

도전하기 쉬운 조직으로 변혁

※다만 적당주의나 불성실한 태도를 막기 위한 감점법 시스템은 필요

따라서 의욕을 높게 유지하며 실패를 두려워하지 않고 적극적으로 새롭게 도전하기 위해서라도, **개개인이 감점법으로 인지하는 버릇을 고치고 가점법으로 인지하는 버릇을 들여야 한다.** 이렇게 하면 직장 생활이 활기 넘친다.

미래는 점점 더 예측하기 어려운 시대가 될 것이다. 생각지도 못했던 사태가 계속해서 일어날 테니 무슨 일을 하든 실패가 따라올 수밖에 없다. 하지만 실패를 두려워하면 사업을 할 수 없다. 이런 시대에는 실패하지 않는 것이 아니라, 실패를 잘 처리해서 다음번에 잘 활용하는 것이 중요하다.

그래서 감점법을 기본 원리로 삼는 평가 시스템에서 가점법을 기본 원리로 삼는 평가 시스템으로의 변혁이 필요하다. 사회에서 흔히 볼 수 있는 감점법적 발상에서 벗어나 가점법적 발상이 조직에 뿌리내릴 수 있도록 해야 한다.

물론 업무의 정확성과 정중함을 유지하는 일도 중요하니 적당주의나 불성실한 태도를 막는 감점법적 시스템도 빼놓을 수는 없지만, 도전에 따르는 실패를 감점이 아니라 적극적인 자세로 평가하는 가점법 시스템도 필요하다.

20 _ 목표 설정 이론

최선을 다하면 그걸로 끝일까?

Question

"계속해서 성과를 올리려면 목표에 맞춘 관리가 중요하다. 그것도 달성하기 어려운 목표를 줘야 효과적이다." 이런 말을 들어 그렇게 했습니다. 그런데도 직원들은 불만이 있는 모양입니다. "이 정도 목표는 어차피 달성하지 못한다"라고 처음부터 포기하는 소리가 들립니다. 달성하기 어려울 정도의 높은 목표를 줘야 실적이 오른다는 말이 맞는 건가요?

성과주의가 반영되면서 목표관리(MBO)가 기업에 깊이 침투하기 시작했는데, 그 근거가 목표 설정 이론이다. 이 이론은 목표 설정이 의욕과 성과에 어떤 영향을 미치는지, 또한 목표 설정 방식에 따라 의욕과 성과에 미치는 영향은 어떻게 달라지는지를 설명한다.

자신에게 엄격한 과제를 부여하고 스스로 채찍질하는 의욕 넘치는 사람은 내버려둬도 성과를 올리지만, 대다수의 사람은 자신에게 관대해 점차 편한 방법을 찾아간다. 그래서 목표관리가 필요하다.

그러다 보니 '달성하기 어려운 목표로 설정해야 한다'는 인식이 퍼진 것이다. 우선 그 근거부터 살펴보자.

▌'구체적이고 달성하기 어려운 목표' 설정 효과

심리학자 에드윈 로크Edwin Locke와 게리 래섬Gary Latham은 목표 설정 효과를 강조했다. 목표를 설정하지 않고 그저 막연하게 일하기보다는 목표가 있는 편이 긴장감 있는 것은 사실이다. 다만 목표를 어떻게 설정하는가가 문제다.

어떤 목표를 설정해야 좋은지 많은 연구가 있었고, 이 연구들을 통해 구체적이고 달성하기 어려운 목표를 설정해야 좋다는 사실을 알게 되었다. 그들은 적어도 8개국에서 100종류 이상의 일에 관련해 총 4만 명 이상을 대상으로 대규모 조사를 시행한 결과 '구체적이고 달성하기 어려운 목표'를 설정하면 실적이 오른다는 사실을 확인했다고 밝혔다.

로크 연구팀은 수많은 연구 결과를 바탕으로 목표의 난이도와 작업 실적의 관계에 대해 그림과 같은 모델을 제시했다. 그림에서 A 지점은 목표가 높아질수록 작업 실적이 향상된다. 하지만 난이도가 어느 정도 올라가면 아무리 노력해도 더는 실적이 오르지 않는 능력의 한계점에 도달한다. 이 한계점이 B 지점이다. 여기에 이르러서도 목표에 조금이라도 다가가려고 계속 노력하면 실적이 떨어지지 않는다.

하지만 구체적이고 달성하기 어려운 목표 설정의 폐해도 보인다. 목표가 지나치게 높아 아무리 노력해도 도달할 수 없는 상황에서는 노력을 포기할 수도 있다. 이 상황이 그림의 C 지점이다.

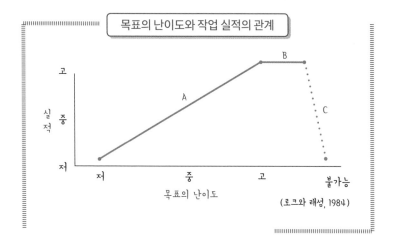

목표의 난이도와 작업 실적의 관계

(로크와 래섬, 1984)

여기서 알 수 있듯이 너무 어려운 목표를 세우면 처음에는 좋을지라도 어느 시점에 다다르면 '불가능하다'는 생각이 들어 그림의 C 지점처럼 갑자기 의욕을 잃어버린다.

구체적이고 달성하기 어려운 목표가 효과적이라는 정보가 퍼지면서 근로자들이 압박을 받게 됐다. 이로 인해 의욕을 잃거나, 보상을 위해 수단을 가리지 않고 목표 달성에만 매달리다 불상사가 벌어지는 일도 있으니 주의해야 한다.

▎자신에게 관대해지는 말, '최선을 다해라'

구체적이고 달성하기 어려운 목표가 효과적이라는 이론에 대해서는 '최선을 다해라'라고 지시하는 경우와 비교 연구한 결과를 참고할 수 있다. 많은 연구에서 구체적이고 달성하기 어려운 목표를 부여했을 때 실적이 더 좋았다.

'최선을 다해라'라는 말처럼 모호한 목표를 제시하면 어느 정도해야 좋은지 구체적인 기준이 없어, 자신에게 관대한 사람은 편한쪽으로 생각해버린다는 문제가 있다.

또한 '최선을 다해라'처럼 구체적이지 않은 목표를 설정할 경우 평가자인 직장 상사와 실행자인 직원이 생각하는 최선의 수준에 차이가 생기는 문제도 있다. 그래서 직원도 '이렇게 노력했는데 왜 알아주지 않지?'라며 불만을 느끼고, 직장 상사도 '어째서 더 열심히 하지 않는 걸까?'라며 불만을 품는 사태가 생길 수 있다.

▌목표 설정 방법

로크 연구팀은 목표 설정의 열쇠가 되는 일곱 가지 단계를 제시했다. 각 항목을 보고 감탄할지도 모르지만, **이 항목들을 실천할 때는 생각지도 못한 허점에 빠질 수 있으니 주의해야 한다.**

예를 들어 ①번처럼 해야 할 작업을 직무기술표에 적는 것은 현실적이지 않다.

고객 응대에서 생각지도 못한 작업이나 대응이 필요할 때가 셀수 없이 많아 이 모든 일을 예상해서 열거하기는 불가능하다. 그런

1. 과제의 성질을 명확하게 정한다(직무기술표를 작성한다).

2. 실적을 어떻게 측정(평가)할지 명확하게 정한다.

3. 목표로 삼을 기준을 성과의 직접적 측정치와 행동관찰 척도를 이용해 양적으로 명확하게 정한다.

4. 기간을 명확하게 정한다.

5. 복수의 목표가 있는 경우에는 우선순위를 정하고, 그 순위를 공유한다.

6. 필요할 때는 각 목표를 중요도(우선순위) 및 난이도에 따라 수치화하고, 종합평가를 위해 중요도와 난이도, 목표 달성도를 곱한 값을 더한다.

7. 목표 달성에 관한 범위를 조절한다.
   과제가 상호 의존적인 경우는 집단 목표를 설정하는데, 이때는 집단의 성과에서 개인의 공헌도를 측정할 방법을 명확하게 정한다.

데도 직무기술표를 기준으로 평가한다면 기술되지 않은 작업과 대응은 대충 넘어가는 일이 발생할 테고, 일상 업무에 지장을 초래하거나 평가와 관계없이 책임감으로 일하는 사람에게만 부담이 가중될 수 있다.

또한 요즘은 ②, ③번처럼 성과를 수치로 측정하는 방법이 널리 사용되면서 정량 목표라는 말을 자주 듣는다. 정량 목표를 세우면 영업이나 판매 분야의 계약 건수나 판매량, 금액처럼 정량화하기 편한 지표는 문제없겠지만, 행동 목록을 확인해서 점수화하면 형식적으로 목록에 있는 행동만 할 뿐 그 이상의 창의력을 발휘해봤자 점수가 되지 않으니 할 필요 없다고 생각하기 쉽다. 그리고 행동 관찰 척도를 이용하는 경우는 평가에 주관이 개입될 우려가 있어 관계성이 영향을 주기 쉽다.

이와 같은 허점을 명심하고 목표를 설정하며 이에 근거를 두고 평가해야 한다.

21 _ 천장 효과

무의미한 정량화가 판치는 세상

Question

의욕을 높여 성과를 내려면 그저 막연히 일하는 것이 아니라 매년 목표를 설정해야 한다는 말을 듣고 몇 년 전부터 그렇게 하고 있었습니다. 하지만 직원 대부분이 연간 목표를 달성했는데도 회사는 정체된 분위기이고 실적도 생각만큼 늘지 않았습니다. 목표 설정 방법에 문제가 있는 걸까요?

최근 구체적인 목표를 설정해 의욕을 높이고 성과를 내자는 분위기가 유행처럼 번지면서 무의미한 정량화가 판을 치고 있으니 주의해야 한다.

예를 들면 영업처럼 매출량이나 매출액 등으로 수치를 내기 쉬운 부문과 달리 경리나 인사, 총무 같은 부문에서까지 행동 확인 목록을 만들어 억지로 정량화하려고 한다.

학교에서는 시험 성적만으로 하는 평가가 옳지 않다며 능동적인 배움의 자세를 갖추었는지도 평가에 포함했다. 그래서 수업 중에 몇 번이나 손을 들었는지, 몇 번이나 발표했는지, 질문하러 교무실에 몇 번이나 갔는지와 같은 행동을 능동적 배움의 자세로 보고 점수화하는 학교도 생겼다.

그 결과, 공부를 열심히 하지 않아 시험 성적은 좋지 않은데 점수를 올리려고 무조건 손을 들거나 관심이 없어도 질문한 학생이 좋은 점수를 받는 일이 벌어졌고, 학력 수준과 시험 점수가 높은데도 좋은 성적을 받지 못하는 학생들이 생겼다.

비슷한 일이 직장에서 일어나면, 성실하게 일하고 잔재주로 점수 올리는 일에 관심 없는, 능력 있는 사람은 의욕을 잃게 되고, 이로 인해 조직은 큰 손실을 볼 것이다.

이런 문제를 잊지 말아야 한다는 의미에서 이번에는 천장 효과에 대해 살펴보자.

▌목표를 달성했는데 어째서 직장에 활기가 넘치지 않을까?

실적 상승이 최고점에 달하는 현상을 천장 효과라고 하는데, 목표 설정 이론에 따르면 **목표를 달성하거나 목표 달성이 가까워오면 더는 노력하려 하지 않고 손을 놓는 현상**을 말한다.

이와 같은 천장 효과를 불러오는 중요 요인으로 다음 두 가지를 들 수 있다.

1. 다음 분기의 목표 설정이 더 높아질 수 있다는 경계심

다음 분기 목표는 일반적으로 이번 분기 실적을 바탕으로 설정한다. 이번 분기에 능력 이상으로 노력하면 다음 분기에 더 높은 목표를 설정해 괴로워질 것이다. 그래서 이번 분기 실적을 적당한 선에서 마무리하자는 심리가 작용한다.

2. 목표를 초과해서 달성한 만큼의 손실감

목표를 달성했는지로 평가할 때는 목표치에 가까우면서도 가능한

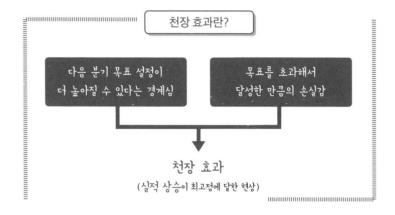

천장 효과란?

다음 분기 목표 설정이
더 높아질 수 있다는 경계심

목표를 초과해서
달성한 만큼의 손실감

천장 효과
(실적 상승이 최고점에 달한 현상)

한 넘지 않게 맞춰야 한다. 그렇지 않으면 초과분만큼의 손해를 입었다고 생각하게 된다. 그래서 목표 달성에 가까워질수록 더는 성과를 내지 않도록 힘을 비축하려는 심리가 작용한다.

▌천장 효과 방지법

천장 효과를 막으려면 이런 심리를 누를 대책이 필요하다.

첫째, **다음 분기 목표를 잡을 때는 반드시 이번 분기 실적을 바탕으로 설정하지 않는 배려가 필요하다.** 이번 분기 실적이 특별히 좋았다는 사실은 인정하지만, 이는 특수한 요인이 작용했기 때문일지도 모르니, 다음 분기 목표는 과거 몇 년간의 평균을 약간 웃도는 수준에서 설정하거나 이번 분기 전체 실적의 평균을 약간 웃도는 수준에서 설정하는 방안이 요구된다.

둘째, **목표를 초과했다면 그 부분도 충분히 평가에 반영해야 한다.** 초과분의 보상이 계산되거나 초과분도 점수화해서 평가에 반영된다면 괜히 노력했다는 손실감을 느끼지 않는다.

이런 점에 주의하면 노력을 아끼려는 천장 효과를 방지해, 마지막까지 최선을 다하는, 활기 넘치는 직장을 기대할 수 있다.

▌실적의 조작

평가 방법의 허점으로 천장 효과 외에 수치 조작이 있다. 목표를 달성하기 위해 표면상 실적을 조작하는 것을 의미한다.

성과주의를 도입하고 정량 목표를 설정해 목표 달성 여부로 급여와 상여금을 정하자 많은 회사에서 실적 조작이 횡행했다.

예를 들어 이번 분기 매출 목표를 2억 원으로 설정했다고 하자. 그리고 열심히 노력했지만 분기 말이 다가와도 수천만 원이 부족해서 이대로라면 목표 달성이 어려운 상황이다. 이때 계약을 신규로 하면 다소 할인받을 수 있으니 작년에 맺었던 3년짜리 계약을 해약하고 새로 3년짜리 계약을 하는 편이 이득이라고 거래처에 제안하는 행동이 실적 조작의 전형적인 예다.

이런 조작으로 개개인은 목표액을 달성하겠지만 조직은 할인금액만큼 수익이 감소한다. 숫자 트릭일 뿐이다.

이런 현상을 막으려면 **신규 계약 건만이 아니라 과거 연도부터 누적해온 실적도 이번 분기 실적으로 계산하는 방법이 필요하다.**

이처럼 목표관리는 실적만을 보는데 그 실적이 실질적인 업무 태도나 수익을 반영하지 않는 일이 흔히 일어난다. 이런 일이 없도록 무의미한 정량화가 이루어지고 있지는 않은지, 천장 효과를 막는 평가 시스템을 구축할 수 있는지, 실적 조작을 막을 평가 시스템을 구축할 수 있는지도 확인해야 한다.

천장 효과 방지 방법

방법 1 다음 분기 목표를 반드시 이번 분기 실적을 바탕으로 설정하지 않는다

예를 들면…

- 과거 몇 년간 평균을 약간 웃도는 수준으로 설정
- 모두의 평균을 약간 웃도는 정도로 설정

방법 2 목표를 초과한 부분도 평가 대상에 포함한다

예를 들면…

- 초과분의 보상을 계산한다.
- 초과분도 점수화해서 평가에 반영한다.

Human Relations

어떻게 하면
복잡미묘한 관계에서
벗어날 수 있을까?

22 _ 자기 위주 편향

실적을 가로채는 사람의 심리

Question

아무렇지 않게 다른 사람의 실적을 가로채는 동료가 있어 고민입니다. 대놓고 뭐라고 하기도 껄끄럽고 괜히 사무실 분위기만 망칠 것 같아 그냥 참고 있었는데, 상대방은 아무 일 없었다는 듯이 친근하게 말을 걸어옵니다. 어쩌면 그렇게 뻔뻔하고 염치가 없는지 신기할 정도입니다. 그 사람은 도대체 무슨 생각을 하는 걸까요?

직장에는 다양한 사람이 있다. 얽히기조차 싫을 정도로 귀찮게 하는 사람이 있더라도 함께 일할 수밖에 없으니 심적으로 에너지 소모가 크다. 그래서 직장 내 인간관계가 가장 큰 스트레스 원인이라고 하는 것이다.

인물 평가를 중시하던 때는 지나칠 정도의 행동을 하지 않았지만, 성과주의로 바뀌면서 일단 성과부터 내고 보자는 생각에 다른 사람의 실적을 가로채는 상사나 동료가 늘어나고 있다.

이런 뻔뻔한 사람은 어느 직장에나 있다. 그런데 신기하게도 본인은 전혀 눈치를 보지 않는다. 다른 사람의 실적을 가로채고도 어째서 아무렇지 않은 걸까? 어떻게 아무 일 없었다는 듯이 대하는 걸까?

그런 사람의 마음에는 자기 위주 편향(Self-Serving Bias) 심리가 작용한다.

성공은 내 덕, 실패는 네 탓

인간은 모든 일을 자기 편의에 맞춰 왜곡해서 인지하는 심리적 경향이 있다.

바람직한 결과가 나왔을 때는 그 원인을 자기 자신에게서 찾고, 그렇지 않은 결과가 나왔을 때는 그 원인을 자신 외 다른 요인에서 찾으려는 심리 경향이 전형적인 형태다.

이런 심리 경향을 자기 위주 편향이라고 한다. 쉽게 말해 **잘되면 자신의 공이라며 과대평가하고, 실패하면 타인의 책임이나 상황 탓으로 돌리는 심리 경향**이다.

심리학자 앤서니 그린월드Anthony Greenwald는 흔히 볼 수 있는 자기 위주 편향의 예로 시험 성적과 그 시험 문제가 타당했다고 생각하는 경향의 강한 연관성을 들었다.

성적이 좋은 학생은 그 시험 문제가 타당했다고 생각하는 반면, 성적이 나쁜 학생은 자기 자신의 학습 부족은 뒷전이고 시험 문제가 좋지 않았다고 생각한다.

내 수강생들 사이에서도 그런 일이 자주 일어난다. 자기 어필 시대다 보니 안 그래도 일상생활 여기저기에서 이의 제기가 많은데, 시험이 끝나고 나면 "시험 범위 밖에서 문제가 나왔다", "배우지 않은 내용이 출제됐다"며 이의를 제기하는 학생이 있어 답변했던 적이 있다. 실제로는 그렇지 않았기 때문에 나는 "만점에 가까운 학생도 있으니, 성적이 좋은 학생의 노트를 보면 배웠다는 사실을 알 수

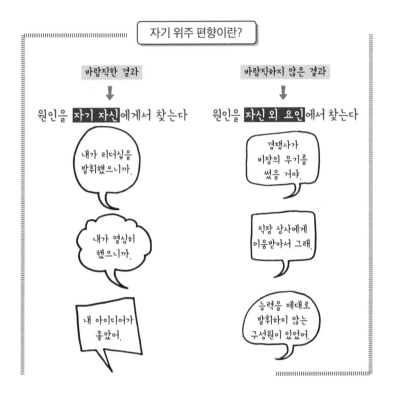

있을 거다"라는 대답으로 대처했다.

이런 이의를 제기하는 학생은 대부분 성적이 그리 좋지 않다. 수업도 성실하게 듣지 않고, 예습도 하지 않아 배웠는지 아닌지도 기억하지 못하면서 자기 위주 편향 심리가 작용해 자신의 잘못을 문제 탓으로 돌리고 싶은 것이다.

한 심리학 실험에서 누가 어느 정도 공헌했는지 가리기 어려운 공동작업을 시키고 결과를 누구 덕으로 돌리는지 검증한 적이 있다. 이 실험에서도 사람은 잘됐을 때는 자신의 공헌 덕분이라 생각했지만, 잘 안 됐을 때는 파트너의 책임으로 돌리는 경향이 있다는 사실을 확인할 수 있었다.

▌실적을 가로채는 사람은 진심으로 자신의 실적이라 생각한다

이처럼 **자기 위주 편향은 일부러 그런 생각을 하는 것이 아니라 본인도 모르게 무의식중에 일어나기** 때문에 골치 아프다. 그래서 다른 사람의 실적을 가로채도 아무렇지 않은 것이다.

앞에서 말한 학생의 사례에서 보면, 시험을 잘 못 본 학생은 정말로 문제가 나빴다고 철석같이 믿는다.

공동 작업 사례에서도 잘됐을 때는 정말로 자기 덕이 크다고 믿고, 잘 안 됐을 때는 정말로 파트너 때문이라고 생각한다. 우리가 인지하는 사실은 이 정도로 왜곡되기 쉽다.

따라서 **자기 위주 편향이라는 인지의 왜곡 때문에 다른 사람의 실적을 가로채는 상사나 동료도 정말 자신의 실적이라고 믿는다.** 그래서 악의도 없고 어색해하지도 않는다.

실적을 빼앗긴 사람은 다른 사람의 실적을 가로채놓고 어떻게 아무렇지 않은지, 게다가 어떻게 호의적인 태도로 말을 걸 수 있는지, 그 뻔뻔함을 믿을 수 없어 화가 나겠지만, 당사자는 그런 자각이 없으니 전혀 기가 죽지 않는다.

그렇다면 열 받는 사람만 손해다. 나만 정신상태가 망가지고 스트레스를 받아 컨디션이 엉망이 되거나 의욕을 잃는다면 정말 어리석은 일이다.

불만 사항을 말해도 상대는 이미 왜곡된 상태로 인지했기 때문에 솔직히 인정하지 않는다. 옥신각신해봤자 진흙탕 싸움으로 번지고 스트레스만 더 받을 뿐이다.

따라서 인간에게는 이 같은 자기 위주 편향 성질이 있으며 특히 자기중심적인 사람은 그 경향이 더 강하다는 점을 염두에 두고 **평소에 자기방어를 철저히 해야 한다.**

예를 들어 자기 아이디어를 빼앗겼을 경우라면 말로만 논의하지 말고 나중에라도 확인 메일을 보내 증거를 남겨둔다. 지시를 받아 움직일 때도 확인 메일을 남기고, 이때 관계자를 참조로 넣어 보내야 한다. **객관적 증거가 있으면 자기 위주 편향 때문에 진실을 보지 못하는 사람도 '아, 그랬었구나' 하고 금세 수긍할 수 있다.**

자기 위주 편향에 맞서는 자기방어

증거를 남긴다

➡ 기획이나 아이디어를 주고받을 때는 메일을 이용한다.

➡ 말로만 논의했을 때도 확인 메일을 보낸다.

➡ 메일을 보낼 때는 관계자를 참조로 넣는다.

23 _ 자격지심이 만든 불안

자신감 없는 상사 대처법

Question

제안이나 지시를 듣고 궁금한 점을 묻거나 신경 쓰이는 부분을 질문하면 바로 얼굴색이 변하면서 "내 제안에 태클 거는 거야!", "내 지시에 따르지 못하겠다는 건가!"라며 불같이 화를 내는 상사가 있어 항상 짜증이 납니다. 왜 그렇게 금방 화를 내는 걸까요?

화를 잘 내는 직장 상사 때문에 힘들다는 이야기를 자주 듣는다.

어떤 사람은 부서 회의에서 상사가 제안한 내용을 듣고 이해가 안 되는 부분이 있어서 질문했는데, "내 제안에 태클 거는 거야!"라며 정색하고 화를 내 당황했다고 했다. 그 상사는 쉽게 욱하는 성격인 모양이다.

업무 지시를 받고 궁금한 점이 있어 확인하려고 질문했을 때도 "내 지시에 따르지 못하겠다는 거야!"라며 화를 내 이래서는 대화가 안 되겠다 싶어 입을 다물었다고 한다. 도대체 왜 그렇게 화를 내는지 모르겠다고 그는 고개를 갸웃거린다.

또 다른 사람은 화를 내지는 않지만 툭하면 삐지는 상사 때문에 애를 먹는다고 했다. 상사의 제안을 비판할 생각이 전혀 없고 오히려 좋은 아이디어라고 생각해 조금만 바꾸면 현장에 적합하겠다는 의견을 말했을 뿐인데, "역시 나보다는 현장을 잘 아는 사람이 좋은 아이디어를 내네요" 하며 기분 나쁜 티를 내, 수습하느라 진땀을 뺐다고 한다.

화를 내는 사람이나 삐지는 사람의 심리에는 자격지심이 만들어낸 불안이
존재한다.

▌'자격지심'이 상대를 당황하게 한다

화내거나 삐지고 싫은 소리를 하는 경우, 다양한 유형이 있지만 **과
한 반응을 보이는 사람의 마음속에는 자격지심이 만들어낸 불안이 잠
재해 있다.**

자격지심이 만든 불안이란 나를 무시하는 건가, 나는 신경 쓰지
않아도 된다는 건가, 바보 취급당하고 있는 건 아닐까 싶어 불안해
하는 심리를 말한다.

사실 진심으로 자신 없는 사람들은 일부러 잘난 척하거나 자신
있다는 듯이 포장하고 허세를 부린다.

그렇게 해서 자신을 돋보이게 하려는 거지만 주변 사람들 눈에는
오히려 소심한 인물로 보인다. 그 허세에서 자격지심 때문에 불안
해하는 모습이 다 보이기 때문이다.

**자격지심이 만들어낸 불안이 강하면 상대가 특별히 무시하지 않아
도 자신을 무시한다고 느낀다.** 그래서 별 의미 없는 말에도 자신을
바보 취급한다고 생각해 과하게 반응한다.

심리학 실험에서도 자신감이 넘치는 사람은 상대가 자신을 어떻
게 평가할지 거의 정확하게 예측했지만, 자신감이 없는 사람은 상

대의 평가를 실제보다 더 낮게 예측하는 경향을 보였다.

아직 인생 경험이 부족한 사람이나 타인의 심리에 상상력을 발휘하는 습관이 없는 사람은 상대가 과한 반응을 보이면 당황스럽고 영문을 몰라 짜증이 나겠지만, 이런 원리를 이해하면 괜한 짜증으로 에너지를 소모할 필요가 없다.

이런 사람과 **무난하게 관계를 형성하려면 상대의 심리를 고려해서 자격지심이 만들어낸 불안을 달래줄 수 있도록** 마음을 써주어야 한다.

▮상사의 불안을 달래준다

사람은 누구나 마음속으로 자신이 없어 불안한 마음을 품고 산다. 부하 직원이 보기에 상사나 선배는 경험이 많으니까 당연히 자신 있을 거라고 생각하지만, 그렇지도 않다.

상사라고 결코 만능 로봇이 아니다. 잘하는 분야가 있으면 서툰 분야도 있다. 관리직으로서 여러 가지 조건에 얽혀 있어 조건 하나하나를 충분히 이해하지 못하는 일도 있다. 그래서 얼토당토않은 말을 하기도 한다. 이럴 때는 상사도 자격지심이 만들어낸 불안에 휩싸인다.

손이 많이 가는 직원이 더 귀염받는다는 말을 자주 듣는데, 이는 그런 사람이 상사가 느끼는 불안을 완화해주기 때문이다. 자립심이

상사의 마음속에는 자격지심이 만들어낸
불안이 잠재해 있다

따라서 손이 많이 가는
부하 직원이
더 귀염받기도 한다.

내가 필요하다.

나를 의지한다.

강한 직원은 자신이 없어 자격지심으로 불안해하는 상사의 마음속에 '어차피 내 도움 따위는 필요 없을 거야'라는 생각이 들게 한다.

따라서 화를 잘 내는 상사나 삐지는 상사, 싫은 소리를 하는 상사와 무난하게 잘 지내고 싶다면 자격지심으로 불안해하는 상사의 마음을 달래줘야 한다.

이때 효과적인 방법이 '보고, 연락, 상담'이다. 상사는 자기 부서에서 일어나는 모든 일의 상황을 파악하고 있어야 적절한 지시를 내릴 수 있으니까, 경험이 부족한 부하 직원이 잘못된 판단을 하면 안 되니까 '보고, 연락, 상담'이 필요하다고 말한다. 하지만 여기에는 그런 실무적인 의미뿐만 아니라 심리학적인 의미도 있다.

다름 아닌 상사의 심리 케어다. '보고, 연락, 상담'에 상사의 마음을 케어하는 심리학적 의미가 있다고 하면 곧바로 이해되지 않을지도 모르지만, 사실은 이것이 더 중요하다.

부하 직원이 '보고, 연락, 상담'을 자주 하면 상사는 자신의 존재감을 확인한다. 자신을 존중하고 의지한다는 느낌을 받는다. 이런 느낌은 자격지심이 만들어낸 불안을 잠재운다.

부하 직원이 '보고, 연락, 상담'을 자주 하지 않으면 상사는 자신의 존재 가치를 부정당한 기분을 느낀다. 그리고 자신감이 없는 상사일수록 '직원에게 무시당한다', '나를 의지하지 않는다'라는 생각에 사로잡히기 쉽다.

그런 의미에서 나는 **심리 케어 방법으로 '보고, 연락, 상담'의 중요성**을 강조해왔다.

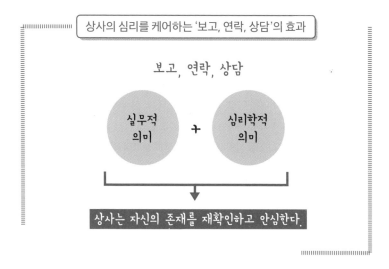

상사의 심리를 케어하는 '보고, 연락, 상담'의 효과

보고, 연락, 상담

실무적 의미 + 심리학적 의미

상사는 자신의 존재를 재확인하고 안심한다.

24 _ 에고그램

마음의 다섯 가지 편향

Question

비즈니스를 잘 추진하려면 인간관계를 잘 유지해야 하는데, 실제 인간관계에서 제가 어떻게 행동하는지, 어떤 버릇이 있는지는 좀처럼 알기 어렵습니다. 인간관계에 영향을 주는 저의 성격적 특성을 알 수 있는 좋은 방법 없을까요?

인간은 명분에 따라 행동하기도 하지만 기분에 따라 행동하기도 해서 비즈니스를 잘 추진하려면 반드시 좋은 인간관계를 유지해야 한다. 실제로 경쟁사보다 조건이 좋은데도 인간관계 때문에 수주에 실패하는 일이 자주 있다. 상대방 입장에서 생각해보면 당연히 같이 있을 때 기분 좋은 상대에게 일을 맡기고 싶지 않을까?

인간관계를 맺기가 너무 어렵다는 사람은 자신의 성격이 인간관계에 어떤 영향을 주는지 자각하지 못하는 경우가 많다. 원래 자기 성격은 알기 어려운 법이지만, 비즈니스를 성공시키려면 자신의 성격적 특성을 파악해 장점은 활용하고 단점은 적극적으로 눌러야 한다.

인간관계에서 나타나는 자신의 성격적 특성을 파악하기 쉽게 기본 틀을 제공해주는 방법이 바로 에고그램(egogram)이다.

▌누구나 다섯 가지 마음을 가진다

에고그램은 정신의학자 에릭 번Eric Berne의 교류분석을 바탕으로 존 듀세이John M. Dusay가 고안한 방법으로, **다섯 가지 마음의 강약을 막대그래프로 나타낸다.**

에고그램은 마음의 상태를 부모의 자아 상태, 성인의 자아 상태, 아이의 자아 상태로 구분한다. 이 중에서 부모의 자아 상태를 다시 '비판적인 부모의 자아 상태'와 '양육적인 부모의 자아 상태'로 나눈다. 아이의 자아 상태도 '자유로운 아이의 자아 상태'와 '순응하는 아이의 자아 상태'로 나눈다. 자아 상태라는 표현이 어렵게 느껴질 수도 있으니 여기서는 알기 쉬운 표현으로 바꿔보겠다.

부모의 자아 상태는 '부모의 마음'으로 표현할 수 있다. 부모의 마음에는 두 가지 측면이 있다. 즉 부모가 자식을 생각하는 마음에는 엄격하게 키우고 싶은 마음과 다정하게 보호하고 싶은 마음이 있다. 일반적으로 전자를 부성, 후자를 모성이라고 한다. 따라서 '비판적인 부모의 자아 상태'를 부성, '양육적인 부모의 자아 상태'를 모성이라고 부르기도 한다.

성인의 자아 상태는 '성인의 마음'으로 바꿔 말할 수 있다. 성인에게 가장 큰 문제는 현실 사회에 적응하는 일이다. 따라서 성인의 마음이 담당하는 기능은 현실 사회 적응을 뒷받침하는 일이다. 그래서 성인의 자아 상태를 현실성이라고 부르기도 한다.

아이의 자아 상태는 '아이의 마음'이라 표현할 수 있다. 아이의 마음에는 두 가지 측면이 있다. 아이는 아직 충분히 사회화(예의범절) 되지 않아서 하고 싶은 대로 행동하며 자유롭게 산다. 이와 동시에 부모의 보호가 없으면 살 수 없으니 부모의 안색을 살피거나 부모의 말을 따르기도 한다. 전자를 자유분방성, 후자를 순응성이라고 한다. 따라서 '자유로운 아이의 자아 상태'를 자유분방성, '순응하는 아이의 자아 상태'를 순응성이라고 부른다.

이렇게 **우리 마음속에는 부성, 모성, 현실성, 자유분방성, 순응성이라는 다섯 가지 성향이 있다**고 바꿔 말할 수 있다. 그리고 각 마음에는 다음과 같은 특성이 있다.

1. 부성(CP: Critical Parent)

부성이란 사람을 이끌어 단련시키는 엄격한 마음이다. 명령하거나 격려하며 해야 할 일을 정해놓고, 닦달하거나 꾸짖고 벌을 내리며 엄격하게 키우려는 성향이다.

2. 모성(NP: Nurturing Parent)

모성은 사람을 따뜻하게 포용하는 다정한 마음이다. 타인의 마음에 공감하거나 위로하고, 잘못을 용서하거나 보호하는 등 선악을 넘어 사람을 있는 그대로 받아들이려는 성향이다.

3. 현실성(A: Adult)

사회적응을 뒷받침하는 현실적인 마음이다. 눈앞의 상황을 정확하게 파악해 객관적인 정보를 바탕으로 현상을 냉정하게 판단하고, 현실에 효과적으로 대처하려는 성향이다.

4. 자유분방성(FC: Free Child)

무엇에도 얽매이지 않는 자유분방한 마음이다. 떠오르는 대로 순수하게 표현하고 자발적으로 움직이며, 때로는 제멋대로 고집을 부리는 등 천진난만하고 활력이 넘치는 성향이다.

5. 순응성(AC: Adapted Child)

다른 사람을 순순히 따르는 마음이다. 다른 사람 말을 곧이곧대로 듣거나 안색을 살피고, 권위와 명령에 따르거나 자신의 의견과 기분은 억제하고 다른 사람에게 맞추려는 성향, 협조적인 동시에 소극적인 성향이다.

▌에고그램이 보여주는 인간관계에서 나타나기 쉬운 자기 성격

이와 같은 다섯 가지 마음 중에서 어느 마음이 강하고 어느 마음이 약한지를 나타낸 그래프가 에고그램이다. 이 다섯 가지 마음의 편향이 인간관계라는 측면에서 본 그 사람의 인간성을 보여준다.

에고그램을 작성하려면 우선 인간관계에서 가장 강하게 나타나는 마음의 막대그래프를 길게 그린 다음 가장 약하게 나타나는 마

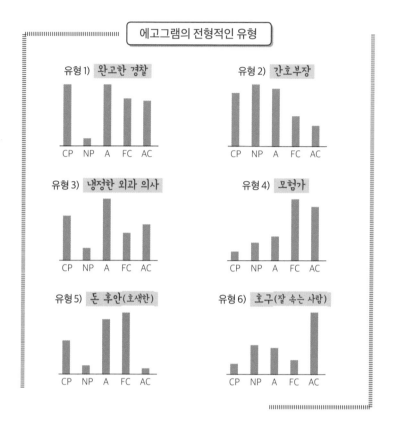

에고그램의 전형적인 유형

유형1) 완고한 경찰

CP NP A FC AC

유형2) 간호부장

CP NP A FC AC

유형3) 냉정한 외과 의사

CP NP A FC AC

유형4) 모험가

CP NP A FC AC

유형5) 돈 후안(호색한)

CP NP A FC AC

유형6) 호구(잘 속는 사람)

CP NP A FC AC

음의 막대그래프를 짧게 그린다. 이 두 막대그래프 길이를 기준으로 나머지 세 가지 마음의 강약을 떠올려 막대그래프의 길이를 정한다. 그렇게 하면 각 마음의 막대그래프 길이에 성격적 특성이 나타난다.

인간관계는 상대가 있어야 비로소 성립한다. 그래서 **상대의 에고**

그램 유형을 고려하면 좋은 인간관계를 유지하는 데 도움이 된다. 자신과 똑같이 상대를 떠올리며 막대그래프를 그려보자.

듀세이가 그린 전형적인 성격 유형 그림을 보고, 에고그램을 이해하고 활용하는 데 참고하기 바란다.

25 _ 소통의 여섯 가지 요소

개그 본능이 통할까?

Question

어릴 때나 학창 시절에는 소통 능력이라고 하면 상대방을 웃기는 능력을 말했기에 꽤 자신 있었습니다. 하지만 요즘 직장 상사에게 소통 능력이 부족하다는 지적을 받아 어찌해야 할지 모르겠습니다. 소통 능력을 키우려면 어떤 점에 신경 써야 할까요?

학교와 사회에서 원하는 소통 능력이 다르다는 사실은 취직을 한 사람이면 대부분 실감한다.

사교성이 좋지 않아 학생 때는 말을 잘하는 친구들에게 밀렸던 사람이 취직하고 나니 다른 사람의 말을 잘 이해하고 정확하게 대응해 신뢰받고 좋은 평가를 받는 일이 있다.

한편 말을 잘해서 학생 때는 모두를 웃기고 항상 중심에 있던 사람이 취직하고 나서는 경청 자세가 부족하다거나 공감 능력이 부족하다는 지적을 받아 눈에 띄는 활약을 하지 못하기도 한다.

소통 능력이라고 한 단어로 표현하지만 사실 각양각색의 이미지를 떠올릴 것이다. 먼저 소통 능력이란 무엇인지, 어떤 능력을 키워야 하는지부터 살펴보자.

▌소통의 여섯 가지 요소

소통 능력을 분석하는 도구로 커뮤니케이션 능력 테스트를 만들어 보았다. 이 테스트는 다음 여섯 가지 요소로 구성되어 있다.

1. 사교성

낯선 상대 앞에서도 주눅 들지 않고 그 자리에 맞는 대화를 할 수 있는 능력.

사교성이 없는 사람은 가벼운 담소를 나누는 일조차 어려워 고민한다.
사교성이 없는 사람도 전달해야 하는 사항, 설명해야 하는 사정, 서류 설명과 같이 꼭 말해야 하는 사항은 평범하게 잘 말한다. 하지만 필요한 말을 마치면 더는 할 말이 떠오르지 않아 안절부절못한다. 이때는 경청 능력을 익혀 말을 잘하는 사람보다 잘 들어주는 사람이 되는 편이 효율적이다.

2. 자기 개시성

자기 자신을 솔직하게 드러내는 능력.

자기 개시성이 낮은 사람은 자신감이 없어 불안해하거나 타인을 그다지 믿지 않는다. 하지만 **자신을 드러내지 않는 사람과는 심리적 거리가 느껴져 친해지기 힘들다.** 반대로 자신을 잘 드러내는 사람은 그 솔직함이 호감으로 작용하지만, 무슨 일이든 지나치면 안 하니만 못한 법이다. 아직 사이가 깊어지지도 않았는데 사적인 이야기를 많이 하면 신중하지 못한 사람으로 보일 수 있다.

3. 자기 주장력

자기 생각을 논리 정연하게 표현해 상대를 설득할 수 있는 능력.

설득적 소통의 목적은 하고 싶은 말을 상대에게 이해시키는 것이다.
그러려면 모든 내용을 늘어놓기보다 이야기를 단순하게 정리해야
효과적이다. 지나치게 많은 정보를 담으면 이야기가 복잡해져 상대
가 이해하기 힘들다. 또한 자기주장만 늘어놓으면 상대가 거부감을
느낄 수 있다. 상호성을 유지하려면 경청 능력과 타인 이해 능력이
균형을 이루어야 한다.

4. 감정 표현력

자기 기분을 잘 표현해 상대에게 호소할 수 있는 능력.

**논리적이지만 좀처럼 상대를 설득하지 못하는 것은 감정 표현력이 약
하기 때문인 경우가 많다.** 의견 충돌이 일어나거나 말이 지나쳤다는
생각이 들 때 "미안, 말이 좀 지나쳤네"라는 말 한마디면 상대의 마
음이 풀어진다. 내 논리가 전해지려면 우선 상대의 마음이 받아들
일 태세를 갖춰야 한다. 상대의 마음이 거부하면 어떤 논리로도 이
해시킬 수 없다.

5. 타인 이해력

주변 사람들에게 관심을 가지고 상대의 마음과 생각을 헤아릴 수 있는 능력.

마음의 여유가 없어 자신을 챙기는 일만으로도 벅찬 사람이 많은 시
대에는 누구나 마음속으로 쓸쓸함을 느끼며 산다. 이런 시대에는 타

인을 배려하고 그들의 마음을 알아주는 마음가짐이 필요하다. **자신에 게 관심을 보이는 상대와 함께 있으면 마음이 편안해지기 마련이다.**

6. 경청 능력

상대의 말에 가만히 귀를 기울여 상대가 자신을 드러낼 수 있도록 하는 능력.

상대를 웃기는 가벼운 대화로 분위기를 띄우는 시대가 되면서 카운슬링을 받는 문화가 퍼지기 시작했다. 자신의 이야기를 가만히 들어줄 만한 인간관계를 쌓기 어려워진 탓이다. 따라서 잘 들어주는 능력이 더욱 필요하다. **다른 사람의 이야기에 가만히 귀를 기울일 줄 아는 사람과 함께 있을 때는 마음이 편해진다.**

▌진정한 소통 능력을 키우자

내가 시행한 조사에서는 이런 소통 능력이 높은 사람일수록 긍정적인 일(좋은 일)을 많이 경험했으며, 특히 인간관계에서 그런 일을 많이 겪었다.

또한 사생활에서도 소통 능력이 높은 사람일수록 친한 사람이 많은 경향을 보였고, 비즈니스에서도 소통 능력이 뛰어난 사람일수록 업무 상대나 동료와 우호적인 관계, 신뢰 관계를 잘 형성했다.

이 여섯 가지 요소의 내용을 보면 소통 능력이 단순히 상대를 웃기는 능력이 아님을 알 수 있다. **사교적이지 못한 사람도, 말을**

잘하지 못하는 사람도 종합적인 소통 능력은 충분히 높일 수 있다.
진짜 소통 능력을 높이고 싶다면 이 여섯 가지 능력을 항상 염두에
두자.

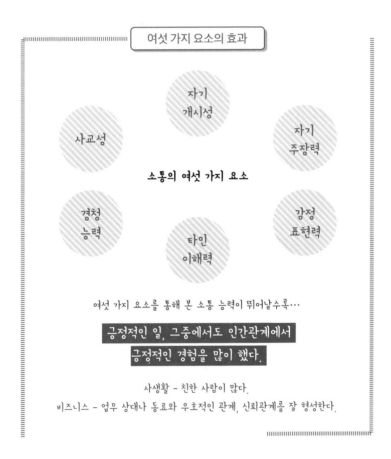

여섯 가지 요소의 효과

자기
개시성

사교성

자기
주장력

소통의 여섯 가지 요소

경청
능력

타인
이해력

감정
표현력

여섯 가지 요소를 통해 본 소통 능력이 뛰어날수록…

긍정적인 일, 그중에서도 인간관계에서
긍정적인 경험을 많이 했다.

사생활 – 친한 사람이 많다.
비즈니스 – 업무 상대나 동료와 우호적인 관계, 신뢰관계를 잘 형성한다.

26 _ 정서적 소통

논리가 통하지 않는 이유

Question

직원에게 지시할 때 가능한 한 논리적으로, 분명하게 전달하려고 하는
데 지시한 내용이 잘 지켜지지 않고 계속해서 소통에 문제가 생깁니다.
어떻게 하면 소통을 잘할 수 있을까요?

비즈니스 현장에서는 논리적 소통 기술이 중요해 논리적 생각이나 논리적
의사소통과 관련된 교육을 하기도 한다. 실제로 머릿속이 뒤죽박죽이라 상
황을 논리적으로 생각하지 못하는 사람이 상당히 많다.

하지만 비즈니스를 추진하기 위해서는 상황을 논리적으로 받아들이지 못
하는 사람과도 의사소통을 해야 한다.

심지어 논리적으로 생각하면 당연한 이치조차 통하지 않는 상대도 있다.
또한 당연한 이치를 이야기하는데 감정적으로 반발하는 사람도 있다. 그런
상대에게는 아무리 논리적으로 설명해도 상황이 나아지지 않는다. 오히려
말할수록 더 감정적으로 치닫게 된다.

그래서 정서적 소통이 필요하다.

논리로는 해결할 수 없다

논리적으로 말했는데도 통하지 않으면 답답한 나머지 '도대체 머릿속이 어떻게 생겨 먹은 거야' 하는 생각을 하게 된다. 하지만 **누구나 때로는 상대의 말이 옳다는 걸 알면서도 받아들이기 힘들고, 맞는 말이라서 더 화날 때가 있지 않은가?**

예를 들어 회의시간에 자신의 제안을 두고 누군가가 위험부담이 있지 않느냐는 의문을 제기했고, 자신도 '아, 그렇군. 그럴지도 모르겠어'라는 생각이 들었다고 하자.

그 상대와 사이가 좋다면 자기 생각이 짧았다고 솔직하게 인정하고 한발 물러날 수 있다.

하지만 의문을 제기한 사람이 평소 반발심을 느끼던 상대라면 순순히 물러나고 싶지 않아 상대의 의견에 반론할 수 있는 논리를 필사적으로 찾는다.

또한 상사가 제시한 목표량이나 목표가 너무 높다고 느끼더라도 상사와 정서적 관계가 양호한 편일 때는 '왠지 의욕이 넘치시는데, 좀 무리하는 듯하지만 일단 한번 해볼까'라며 의욕을 보일지도 모른다.

하지만 상사와 정서적 관계가 좋지 않을 때는 '또 자기 마음대로 하네. 달성하지 못할 게 뻔한데'라며 어쩔 수 없이 일은 하지만 노력을 보이지 않으며, 그 결과 목표를 달성하지 못하는 사태가 벌어질 가능성이 크다.

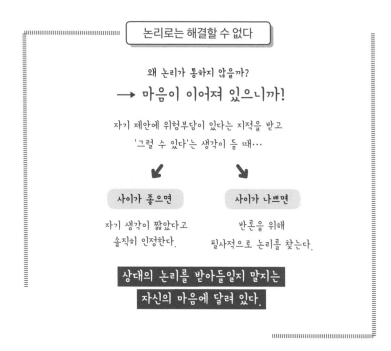

여기서 인간은 로봇이 아니라는 사실을 알 수 있다. 인간은 논리로 제어되는 존재가 아니다. 물론 논리에 따라 움직이기도 하지만, 마음에 따라 움직이는 부분도 무시할 수 없다.

그리고 **모든 상황이 논리로 해결되지는 않는다**는 사실도 알 수 있다. **상대의 논리를 받아들일지 말지는 자신의 마음에 달려 있다.** 상대의 논리를 받아들이고 싶지 않다면 대항할 논리를 내세워 반론을 제기한다.

따라서 무엇보다 마음이 이어져야 한다.

도구적 소통과 정서적 소통

소통이 가진 도구적 기능과 정서적 기능을 살펴보자.

필요한 정보를 주고받는 소통을 도구적 소통이라고 하고, 마음을 주고받는 소통을 정서적 소통이라고 한다.

예를 들어 전화로든 SNS로든 필요한 연락 사항을 전달하면 도구적 소통이고, 그 순간 마음을 교환하면 정서적 소통이다.

이처럼 **도구적 소통은 용건을 전하거나 의견을 교환하기 위한 소통이지만, 정서적 소통은 마음을 이어주거나 마음의 안정을 도모하기 위한 소통이다.**

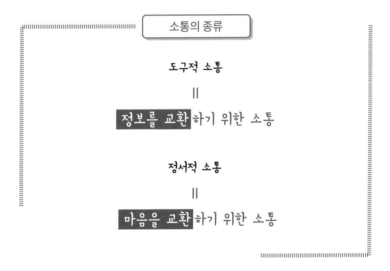

소통의 종류

도구적 소통
∥
정보를 교환하기 위한 소통

정서적 소통
∥
마음을 교환하기 위한 소통

▌먼저 마음이 통해야 한다

직장 동료든, 거래처 담당자든, 업무상 서로 협조해야 하는 상대라면 **평소에 정서적 소통을 잘 이용해 마음을 이어두어야 한다.** 모든 일을 원만하게 추진하고 싶다면 정서적 소통을 등한시해서는 안 된다.

예전처럼 퇴근 후 한잔하면서 소통하는 일도 적어지고, 다들 컴퓨터 화면만 보고 일하다 보니 회사에서 대화를 나누는 일이 줄어들었다.

물론 다들 일에 집중할 수 있어 효율성이 높아지는 측면도 있지만, 잠깐의 대화를 통해 서로 마음을 나누는 일이 부족해 직장 분위기가 살벌해지고 있다.

따라서 일부러라도 정서적 소통을 이용해 서로 마음을 나누어야 한다. 짧은 말 한마디로도 마음이 통할 수 있다.

사람은 로봇이 아니기에 논리만으로 움직이지 않는다는 사실을 명심하고, 마음을 나눈다는 생각을 가져보자.

27 _ 자기 모니터링

뻔뻔한 사람의 심리

Question

태연하게 뻔뻔한 말을 내뱉거나 성과를 낸 사람을 질투하며 싫은 소리를 하기도 하고, 꼴사나운 행동도 아무렇지 않게 하는 동료가 있는데, 왜 그런 태도를 보이는지 이해할 수가 없습니다. 이런 사람의 머릿속에는 어떤 심리가 작용하는 걸까요?

상식적으로, 해서는 안 되는 말을 하거나 상상도 못 할 태도를 보이는 사람이 있다.

어떤 사람이 직장 동료의 뻔뻔함에 질렸다고 하소연한 적이 있다.

"그 사람은 위에서 자기 실적에 들어가지 않는 업무나 잡일이라고 생각되는 업무를 부탁하면 상사가 자리를 비운 사이 후배에게 미뤄버립니다. 그것만으로도 말이 안 되는데, 후배가 해온 일을 아무렇지 않게 자기가 한 것처럼 상사에게 보고합니다. 부서 사람들이 다 아는데, 어떻게 그런 짓을 할 수 있는지 이해가 안 됩니다."

이렇게 뻔뻔함을 넘어 꼴사나운 행동으로 주변 사람들을 질리게 하는 사람이 있다. 또 별일 아닌 일로 다른 사람을 시기하고 험담하는 동료 때문에 화가 난다고 말한 사람도 있다.

"전에 제가 목표량을 훨씬 넘겨 모든 사람 앞에서 상사에게 칭찬을 받은 적이 있습니다. 그랬더니 그 사람이 '어쩌다 담당한 지역이 좋았던 거지. 너 운

좋다'라며 기분 나쁘게 말하더군요. 그런 일이 자주 있습니다. 얼마 전에도 다른 동료가 성과를 내어 모두가 '잘됐다', '고생했네' 하며 축하의 말을 건넸는데, 그 사람은 '별 일이 다 있네'라며 불쾌한 소리를 해 모두가 어이없어서 할 말을 잃은 적이 있습니다. 왜 그렇게 싫은 소리만 하는 걸까요?"

이런 사람도 심심치 않게 볼 수 있다. 그 동료는 어째서 이런 태도를 보이는 걸까?

▌자기 언행을 감시하는 모니터링 카메라가 작동하는가

앞에서 언급한 사례처럼 어째서 저렇게 뻔뻔한 소리를 할까, 어쩌면 저렇게 꼴사나운 모습을 보이고도 아무렇지 않을까 싶을 정도로 주변 사람들을 질리게 하는 사람은 **자신이 어떻게 보이는지 신경 쓰지 않는다.** 그런 걸 신경 쓴다면 창피해서라도 그런 언행을 할 리가 없다.

보통은 주위의 반응을 보고 자신의 언행을 조정하는 경험을 거듭하면서 부적절한 언행을 삼가게 된다.

이와 관련해 심리학자 마크 스나이더Mark Snyder는 자신의 언동을 조절할 수 있는 사람과 조절할 수 없는 사람의 차이를 설명하기 위해 자기 모니터링이라는 개념을 제시했다. 자기 모니터링은 주변의 반응을 관찰하면서 자신의 언행을 조절하는 기능이다.

사람들은 대부분 일상생활에서 무의식중에 자기 모니터링을 한다. 상대가 싫어하는 표정을 지으면 '아, 화제를 잘못 골랐군' 하고

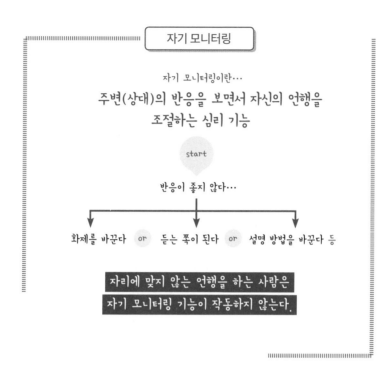

자기 모니터링

자기 모니터링이란…

**주변(상대)의 반응을 보면서 자신의 언행을
조절하는 심리 기능**

start

반응이 좋지 않다…

화제를 바꾼다 or 듣는 쪽이 된다 or 설명 방법을 바꾼다 등

**자리에 맞지 않는 언행을 하는 사람은
자기 모니터링 기능이 작동하지 않는다.**

화제를 바꾼다. 주위 반응이 썰렁하면 '내 이야기가 재미없구나'라고 판단해 말을 멈춘 채 듣는 쪽이 된다. 또 상대가 내 설명을 이해하지 못하는 듯하면 '이렇게 설명하면 이해하기 어려운가' 하는 생각에 다른 설명 방법을 고민한다.

즉 말을 하거나 행동을 하는 자신과 자신을 보는 상대 또는 주변의 반응을 마음속 모니터링 카메라로 찍어서 보며 자신의 언행을 조절한다.

▌적당한 자기 모니터링과 지나친 자기 모니터링

모니터링 카메라의 성능에 개인차가 있어 제대로 돌아가는 사람이 있는가 하면 고장 난 사람도 있다.

자기 모니터링을 하는 사람은 눈앞에 있는 상대나 주변 사람들의 반응을 보면서 자신의 언행을 조절한다. 내가 다른 사람 눈에 어떤 식으로 보이는지 신경 쓰여 자신의 언행이 적절한지 끊임없이 확인한다. 즉 다른 사람과 함께 있으면서도 마음속 모니터링 카메라에 찍힌 자신과 상대 또는 주변의 모습에 온통 관심이 가 있다.

실제로 다른 사람을 만나기 전부터 마음속 자기 모니터링이 시작된다. 상대나 주변 사람들의 눈에 자신이 어떻게 비치는지 상상하면서 지금부터라도 자신의 언행을 조절하려 한다. '이런 말을 하면 뻔뻔하다고 생각할 거야', '이런 일에는 관심이 없겠지', '이렇게 말하면 기분이 상할 사람이 있을지도 몰라'와 같이 상대나 주변의 반응을 상상하면서 말할 내용을 확인하거나 말투를 고민한다.

자기 모니터링을 적절히 잘하면 사람들과 쉽게 친해지고 사회에 잘 적응한다. 직장 동료나 거래처 사람들과도 잘 지내게 된다.

하지만 자기 모니터링 경향이 지나쳐도 문제다. 다른 사람에게 어떻게 보일지 신경 쓰느라 자신을 과하게 억눌러 자유롭게 행동하지 못하고 스트레스를 받는다.

▌자기 모니터링을 못 하는 사람

반대로 **자기 모니터링 경향이 약한 사람은 다른 사람이 어떻게 보는지, 자신의 행동이 이 자리에 어울리는지 전혀 관심 없다.** 자기 행동을 모니터링하지 않아 제멋대로 행동하거나 다른 사람에게 상처를 주는 말을 태연하게 하며, 자리에 어울리지 않는 언행을 하는 경우가 많다.

다른 사람의 반응은 안중에도 없고 생각나는 대로 내뱉으며, 하고 싶은 말이 있으면 가리지 않고 다 한다. 이른바 자기중심적 세계에서 산다고 할 수 있다.

뻔뻔한 말로 주변 사람들을 질리게 만드는 사람이나 아무렇지 않게 싫은 소리를 내뱉어 주변 사람들이 꺼려하는 사람은 자기 모니터링 습관이 없는 것이다. 그의 뻔뻔함과 불쾌함에 혀를 내두르지만, 사이가 어색해지면 그 또한 귀찮아질 것 같아 아무도 지적하지 않다 보니 본인은 자신의 언행이 얼마나 부적절한지 알아차리지 못한다. 그래서 그런 꼴사나운 모습을 계속 보이는 것이다.

28 _ 적대적 귀인 편향

피해자 의식이 생기는 이유

Question

같은 부서에 까다로운 동료가 있어서 고민입니다. 잘 지내고 싶은데 너무 공격적이고 무조건 맞서려고만 합니다. 마치 저에게 적대감을 불태우는 듯합니다. 선의로 말을 걸어도 무조건 반발해 어떻게 대해야 할지 모르겠습니다. 왜 그러는 걸까요? 어떻게 하면 잘 지낼 수 있을까요?

어느 직장에나 까다로운 사람은 있기 마련이다. 그중에서도 공격적인 유형은 특히 관계를 맺기가 어렵다.

동료에게 경쟁심을 느낄 수는 있어도 직장 동료니 적당히 우호적인 태도를 보여야 한다고 생각하는 사람도 있지만, 이런 유형의 사람은 동료를 의심하는 마음이 있어 대수롭지 않은 일도 두려워하고 불안해한다.

선의로 말을 걸었는데 무서운 기세로 반발해 적잖이 놀란 적이 있다는 사람의 이야기를 들은 적이 있다.

"무슨 말만 하면 맞서려고 해서 평소에도 질릴 정도인데, 얼마 전 퇴근하려다 그 동료가 다급하게 서류를 작성하기에 야근하는 분위기인 것 같아서 '힘들겠네, 고생해'라고 한마디 했더니, '지금 퇴근한다고 자랑하는 겁니까!'라며 무섭게 받아치더군요. 저는 힘들겠다 싶어서 격려해준 건데, 그런 말에도 화를 내 어떻게 대해야 할지 난감했습니다."

이 말을 들은 다른 사람도 비슷한 경험을 털어놓았다.

"우리 회사에도 비슷한 사람이 있습니다. 그 사람이 맡은 일이 예전에 제가 하던 일이라 효율적인 요령을 가르쳐 주었더니 '지금 잘난 척하는 거야? 나는 나만의 방식이 있다고' 하면서 상당히 불쾌하게 말했습니다. 자기 방식을 고집한다고 해도 보통은 일단 예의상 고맙다고 하지 않나요? 말을 그렇게 하면 안 되죠. 다시는 얽히고 싶지 않다고 생각했습니다."

이렇게 모든 일에 공격적인 반응을 보이는 사람 때문에 힘들다는 이야기를 가끔 듣는다. 왜 그런 반응을 보이는지 이해하면 마음이 조금은 누그러들고, 어떻게 하면 무난하게 다가갈 수 있는지도 알 수 있을 것이다.

▌인지의 왜곡이 공격적인 반응을 낳는다

공격적인 반응을 보이는 사람은 보통 아무렇지 않은 언행에도 악의를 느끼고 화를 내는 등 인지의 왜곡이 발생한 것처럼 보이는 경우가 많다.

격려하는 말에 화를 내거나 선의로 한 조언에 반발한 앞선 사례에서 보면, **상대의 의도를 잘못 파악하는 인지의 왜곡이 일어났기 때문이다.**

공격적인 인지의 왜곡에 관해 생각할 때는 단서의 해석이 무엇보다 중요하다.

예를 들어 동료에게 놀림받았을 때 '모욕적이다'라고 해석해 화를 내는 사람이 있는가 하면 '재밌는 농담이네'라고 해석해 함께 웃는 사람도 있다. 상대의 언행을 어떻게 해석하느냐에 따라 반응에 큰 차이가 나타난다.

어떤 사건에 공격적으로 반응하는 사람에게 감도는 적대감은 이런 해석에서 기인하는 측면이 크다. 무엇이든 악의로 해석하는 인지의 왜곡이 일어나는 것이다.

심리학자 데일 슝크Dale H. Schunk와 존 앤더슨John R. Anderson은 실험을 통해 공격적인 성격의 사람은 모호한 말과 대화를 적대심이라 해석하는 경향이 강하다는 사실을 증명했다.

이런 인지의 왜곡을 '적대적 귀인 편향'이라고 한다. 이는 타인의 언행을 적대감으로 해석하는 인지의 왜곡이다. 적대적 귀인 편향을 가진 사람은 자신에게 적대적이라고 느껴지면 그 사람에게 복수한다는 생각으로 공격적인 언행을 보인다.

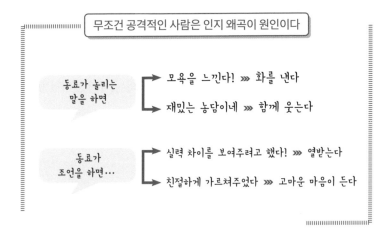

무조건 공격적인 사람은 인지 왜곡이 원인이다

동료가 놀리는 말을 하면
→ 모욕을 느낀다! ⟫ 화를 낸다
→ 재밌는 농담이네 ⟫ 함께 웃는다

동료가 조언을 하면…
→ 실력 차이를 보여주려고 했다! ⟫ 열받는다
→ 친절하게 가르쳐주었다 ⟫ 고마운 마음이 든다

▌상대도 피해자 의식을 갖는다

공격적인 반응을 보이는 사람은 인지에 심한 왜곡이 생긴 것이다. 놀림을 받았을 때 '친해서 장난을 치는구나'라고 해석하면 우호적인 반응이 나오겠지만, '나를 바보 취급한다'고 해석하면 어쩔 수 없이 공격적인 반응이 나온다. '친절하게 조언해주었다'고 해석하면 우호적인 반응이 나오겠지만, '어차피 이런 것도 모르겠지 하고 무시당했다'고 해석하면 공격적인 반응이 나온다.

상대의 언행에 대한 의도 해석은 순간적으로 이루어져 깊이 생각하지 않는다. 즉 무의식중에 일어나기 때문에 공격적인 반응을 보이는 사람은 진심으로 상대가 자신을 무시한다고 생각한다.

말한 사람 눈에는 정말 어이없는 사람으로 보이고 말도 안 되는 오해지만, **사실은 상대방도 피해자 의식을 갖는다.** 따라서 이런 유형의 사람에게는 자신의 진심을 설명하고 이해시키려 해도 변명으로밖에 듣지 않으니 헛수고로 끝날 뿐이다.

이런 사람과 잘 지내려면 상대를 바꾸려 하기보다 자신의 마음가짐을 바꿔야 한다.

왜곡된 해석을 하는 마음에는 '나를 깔보는 것 아닐까', '바보 취급당하는 것 아닐까' 하는 불안이 깔려 있다. 다시 말해 공격적인 반응을 보이는 사람은 사실 매사에 자신 없고 자격지심으로 인한 불안을 품고 있다.

별일 아닌 것에도 금세 '갑질'이라며 소란을 피우는 사람은 자격지심이 만들어낸 불안으로 인해 적대적 귀인 편향이 작용한 경우가 많다.

아무런 악의나 적대감 없이 호의와 친절로 말을 건넸는데 반발을 당하면 화가 날 수도 있다. 하지만 그 배경에 있는 심리적 원리를 이해하면 조금은 마음이 편해지고 여유롭게 대처할 수 있다.

지금까지 화나서 참을 수 없었던 상대를 보고 '저 사람은 분명 자신감이 없어서 불안한 거야'라고 생각하면 오히려 동정심이 생겨 화도 수그러들고 냉정하게 대처할 수 있을지도 모른다.

29 _ 욕구불만 – 공격 가설

난폭한 상사의 심층 심리

Question

회사에 무조건 공격적으로 나오는 사람이 있어서 고민입니다. 그 사람이 직속 상사라서 더 괴롭습니다. 무슨 일만 있으면 불쾌한 말투로 하나하나 참견해 폭발할 것 같지만 꾹 참고 있습니다. 하지만 언제 폭발할지 몰라 걱정입니다. 내가 왜 저런 난폭한 상사 밑에서 일해야 하는지 생각하다 보면 회사에 가기 싫어집니다. 어떻게 하면 좋을까요?

직장에서 공격적인 언행을 일삼는 사람이 있으면 계속 짜증 나는 일이 생겨 힘들다. 그런데 심지어 그 사람이 상사라면 피할 수도 없으니 스트레스가 이만저만이 아니다.

상사가 말만 심하게 하는 게 아니라 무례하게 화를 내며 난폭한 행동을 하면 화가 치밀어 오르지만 어쩔 수 없이 참을 수밖에 없다.

이럴 때는 우선 난폭한 상사의 심리를 제대로 파악하는 것이 제일 중요하다. 상대가 왜 그렇게 행동하는지 이해하면 아무리 무례한 상대라도 용서하게 된다. 또한 금세 짜증 나는 자신의 심리도 살펴봐야 한다. 같은 상사 밑에서 일하는 사람 중 왜 자신만 미칠 듯이 괴로워하는지, 그 이유를 알면 자신의 생활과 심리 상태를 정돈해서 크게 짜증 내지 않고 넘어갈 수 있다.

욕구불만은 사람을 공격적으로 만든다

심리학자 존 달러드John Dollard가 주장한 욕구불만-공격 가설 이론을 이해하면 무조건 공격적인 사람의 심리를 이해할 때 도움이 된다.

그는 금연이 흡연자를 좌절하게 만들고 공격적인 행동을 보이게 하는지 확인하는 실험을 했다.

단방향 투시 거울(한쪽에서는 거울처럼 보이지만 반대편에서는 투명한 유리처럼 건너편을 볼 수 있다) 건너편에 학생 역할을 하는 사람(실험 협조자)이 있다. 교사 역할을 하는 사람이 과제를 내고 틀리면 스위치를 이용해 전기 충격을 가한다. 실제 전기 충격을 준다면 윤리적으로 문제가 될 수 있으므로 스위치를 누르면 학생 역할을 하는 실험 협조자는 고통을 느끼는 연기를 한다.

실험을 진행하는 중에 휴식 시간을 주고 금연하게 한다. 그러면 휴식 시간에 담배를 피울 수 없었던 흡연자들은 욕구불만 상태가 된다. 그 후 실험을 재개하고 학생 역할 실험자에게 하는 전기 충격 정도가 휴식 시간 전후로 변했는지 조사했다.

그 결과 비흡연자는 변화를 보이지 않았지만, 흡연자는 휴식 후에 전기 충격을 가하는 양이 증가했다. 이는 공격 충동이 강해졌다는 증거다. 금연으로 생긴 욕구불만이 공격 충동을 높였고, 이 충동이 전기 충격을 더 가하는 형태로 공격 행동을 부추겼다.

예전에 더운 날 로스앤젤레스의 고속도로에서 심각한 차량 정체 때문에 짜증을 내던 사람 몇 명이 총을 난사한 사건이 있었는데, 어쩌면 미국에서 가끔 벌어지는 난사 사건의 배경에는 이런 욕구불만이 있을지도 모른다.

또한 1년간 실직 상태인 사람은 일하는 사람보다 가정폭력같이 공격적인 행동을 보이는 경우가 여섯 배나 많다는 보고도 있다. 이와 같은 폭력도 실업으로 생긴 욕구불만이 원인이라고 볼 수 있다.

상사에게 억울하게 핀잔을 들은 사람이 자기 자리로 돌아가 가지고 있던 서류 뭉치로 책상을 치거나 발밑에 있는 서랍을 차는 행동 역시 욕구불만에서 비롯된 것이다.

▌난폭한 상사도 욕구불만을 느낀다

이와 같은 욕구불만-공격 가설 이론에 근거하면 난폭한 상사도 어떤 욕구불만을 느끼는 것이 아닐까 추측해볼 수 있다.

상사가 임원에게 불려갔다 오자마자 화난 목소리로 잔소리를 늘어놓는다면 분명 임원에게 안 좋은 소리를 들었거나 압박을 받았을지도 모른다고 상상할 수 있다. 부서 실적을 올리라고 위에서 압박을 받았지만, 생각만큼 실적이 오르지 않아 욕구불만을 느끼는지도 모른다. 어쩌면 좀처럼 승진하지 못해 욕구불만이 생겼는지도 모른다. 또는 개인적으로 집에 마음 붙일 데가 없어서 욕구불만이 생겼을지도 모른다.

무슨 이유든 어떤 면에서 불행을 겪어 욕구불만이 생겼고, 그러

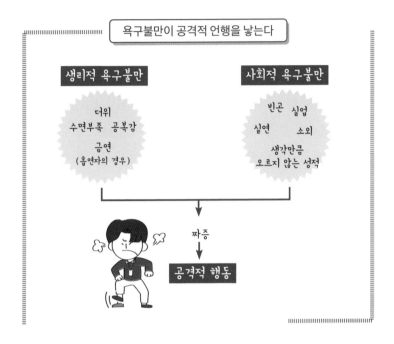

다 난폭하고 꼴 보기 싫은 상사가 되었을 수도 있다. 어쩌면 처음부터 그렇게 기분 나쁜 사람은 아니었을지도 모른다.

　타인의 일은 정확히 알 수 없지만 **난폭한 상사도 욕구불만에 빠져 때때로 폭발하는 것이라고 생각하면 그럭저럭 참을 만하지 않을까?**

▌자기 자신의 욕구불만을 깨닫는다

욕구불만으로 공격적 행동이 치밀어오르고 짜증 나는 일은 상사만이 아니라 나 자신에게도 해당한다.

혹시 요즘 부쩍 짜증 나고, 전에는 참을 수 있던 일에 폭발할 때가 있다면 마음 상태가 악화하고 있을 가능성이 있으니, 잠시 자신을 되돌아보자. 그리고 욕구불만이 있다면 그 대처법을 생각해보자.

구체적으로 어떤 부분이 욕구불만으로 이어졌는지 모르겠다면 **우선 스트레스 해소부터 시작해보자.** 노래방이나 운동, 스포츠 경기 관람, 단골집에 가서 한잔하기, 속마음을 터놓는 동료랑 식사하며 수다 떨기 등 무엇이든 좋으니 기분을 풀 수 있는 일을 하자. 그러면 짜증이 나더라도 폭발하지 않고 지나갈 확률이 높아진다.

30 _ 회복 탄력성

심각한 좌절에 빠지는 사람 대응법

Question

살짝만 주의를 줘도 심각한 좌절에 빠져 일에서 완전히 손을 떼고 다음 날부터 며칠간 쉬는 직원이 있어서 고민입니다. 주변에서 갑질한 것 아니냐고 의심할까 봐 전에는 아무 문제 되지 않았던 말도 조심하게 됩니다. 요즘 젊은 사람들은 다 그렇다고 하는데, 도저히 그들의 감수성을 이해할 수가 없습니다.

살짝만 주의를 줘도 금세 풀이 죽거나 반발하는 등 과한 반응을 보이는 젊은 직원이 생각보다 많아서 지도하기 힘들다고 말하는 회사 경영자나 관리자가 많다. 예전에는 전혀 문제 되지 않았을 정도의 핀잔에도 바로 갑질이라는 말이 나오니 섣불리 주의도 줄 수 없다. 이래서는 회사에 도움이 되는 인재로 키울 수 없다는 한탄 섞인 목소리가 여기저기서 들린다.

이런 답답한 상황에서 한 경영자가 다음과 같이 한탄을 했다.

"누구나 업무가 서툴 때는 당연히 생각하지 못하는 점이 있기 마련이죠. 그때마다 주의를 듣고 개선하면서 능력을 키워가면 됩니다. 그런데 요즘 직원들은 마음이 너무 약해요. 부족한 점이 있어 주의를 주면 금세 풀이 죽어 아예 일을 놓고 다음 날부터 쉬어버리는 직원이 있습니다. 어떻게 대하면 좋을지 정말 고민입니다."

또한 직원을 키우는 일과 자신을 지키는 일을 어떻게 병행해나가야 할지 고민하는 관리자도 드물지 않게 볼 수 있다. 예를 들면 다음과 같은 갈등을 고백한 사람도 있다.

"업무 요령이 없는 신입사원에게 주의를 주고 간단한 요령을 알려 줬습니다. 그랬더니 자신의 존재가 부정당한 느낌이었는지 안색이 바뀌더니 갑자기 울기 시작하더군요. 너무 놀랐습니다. 사정을 모르는 사람이 보면 갑질이라고 생각할지도 몰라 참으로 난처했습니다. 요즘에는 부하 직원을 키우려 하지 말고 그냥 칭찬만 하면 된다, 칭찬하면 나를 좋게 생각할 테고 그렇게 하지 않으면 자신을 지킬 수 없다고 말하는 사람도 있지만, 저는 무책임한 말이라고 생각합니다. 그래서 어떻게 해야 기분 상하지 않게 주의를 줄 수 있을지 매일 고민입니다."

이처럼 요즘에는 쉽게 상처받는 사람이 늘고 있다. 도대체 이유가 뭘까?

▌상처받고 좌절해도 금방 다시 일어나는 힘

이런 사람들은 어째서 가볍게 한마디만 해도 극단적으로 좌절하는 걸까? 좋은 일이 있으면 기분이 들뜨고 불쾌한 일이 있으면 기분이 가라앉는 것은 아주 자연스러운 현상이지만, 그 정도가 너무 극단적이다.

보통은 불쾌한 일이 있어도 마음속 완충장치가 충격을 줄여주기 때문에 극단의 좌절로 치닫지 않는데, 이런 유형의 사람은 마음속 완충장치가 없어 충격을 그대로 받는다. 그래서 좌절하기 쉽고, 일단 좌절에 빠지면 좀처럼 다시 일어나지 못한다.

이런 경우 회복 탄력성이 낮다고 표현한다. 이 말을 뜻하는 영어

resilience는 원래 '탄력'이라는 물리학 용어인데, 심리학에서는 '회복력', '다시 일어서는 힘'이라는 의미로 사용한다.

좀 더 구체적으로 설명하면, 심한 스트레스를 받는 상황에서도 건강 상태를 유지하는 성질, 스트레스의 악영향을 완화하는 성질, 일시적으로 부정적인 사건의 영향을 받아도 금세 회복해 다시 일어서는 성질이라는 의미다.

상사나 선배, 또는 거래처 담당자에게 실수를 지적당해 핀잔을 들으면 누구나 우울해진다. 선배는 목표를 달성했는데 자신은 아무리 노력해도 목표를 달성하지 못하는 상황에서 우울하지 않을 사람은 없다. 동료는 성과를 냈는데 자신은 아무리 해도 눈에 띄지 못하면 누구라도 우울해지는 법이다. 그럴 때 필요한 힘이 회복 탄력성이다.

회복 탄력성이 낮으면 곤란한 상황이 벌어졌을 때 버티지 못할 뿐만 아니라 일단 좌절감에 빠지면 오랫동안 헤어나오지 못한다. 이런 경우 '마음을 다쳤다'라는 표현을 쓴다.

회복 탄력성이 높은 사람은 어려운 상황에 몰려 기분이 우울해져도 마음을 다치지 않게 지켜내고 반드시 다시 일어난다.

▌회복 탄력성이 낮은 젊은이들

별일 아닌 일에 쉽게 마음을 다치는 아이들과 젊은이들이 늘고 있어 교육계에서도 회복 탄력성에 주목하기 시작했다.

요즘 젊은 세대들은 칭찬받으며 자랐고 혼난 경험도 거의 없다 보니 핀잔을 듣는 일에 익숙하지 않다. 계속해서 칭찬만 받아 긍정적인 심리 상태를 유지했기에 부정적인 상황에 약하다.

하지만 돈을 내며 손님 대접을 받았던 학생 때와 달리 취직하면 돈을 받는 입장이 되기 때문에 아무도 손님 대접을 해주지 않는다. 당연히 업무에 익숙해질 때까지는 칭찬보다 혼나는 일이 더 많다. 그래서 칭찬만 받고 혼난 경험이 별로 없는, 회복 탄력성을 키우지 못한 사람은 심하게 좌절하고 때로는 마음을 다치기도 한다.

그래서 회복 탄력성이 낮은 사람이 가까이 있으면 아무리 어이가 없어도 상처 입지 않도록 신경 써야 하고, 유리그릇 다루듯이 조심해야 하니, 바쁘고 여유가 없을 때는 매우 성가신 존재가 아닐 수 없다. 하지만 본인도 괴롭기는 마찬가지일 테니 이런 심리를 이해하고 적절히 대응할 필요가 있다. **상대의 마음속에 완충장치가 없는 만큼, 주변 사람들이 완충장치를 넣어서 부드러운 말투로 다가가는 배려가 필요하다.**

회복 탄력성 연구는 역경에 강한 사람과 약한 사람의 차이는 무엇인가 하는 의문에서 시작됐다. 많은 연구를 통해 밝혀진 지식을 정리하면 회복 탄력성이 높은 사람은 다음 표에 있는 성질이 몸에 배어 있다고 할 수 있다.

혹시 자신의 회복 탄력성이 낮다고 생각하는 사람은 다음과 같은 점을 신경 써보자.

회복 탄력성이 높은 사람의 특징

1. 자신을 믿고 포기하지 않는다.

2. 괴로운 시절을 극복하면 반드시 좋은 시기가 온다고 생각한다.

3. 감정에 빠지지 않고 자신이 놓인 상황을 냉정하게 바라본다.

4. 고난에 맞설 의욕이 있다.

5. 실패에 좌절하기보다 실패를 미래에 활용하려 한다.

6. 일상생활에서 의미를 찾는다.

7. 미숙하지만 노력하는 자신을 인정한다.

8. 타인을 믿고 신뢰관계를 쌓는다.

31 _ 대인불안

대화할 때 긴장하는 심리

Question

초면인 상대라도 긴장하지 않고 금방 친근하게 이야기하는 사람도 있지만, 저는 다른 사람과 이야기할 때 너무 긴장됩니다. 상대가 마음을 터놓고 말하는지, 즐거워하는지 알 수 없어 속으로 조마조마하고 두근두근합니다. 제가 어디가 이상한 걸까요? 어떻게 하면 고칠 수 있을까요?

학교 다닐 때는 마음이 맞는 친구하고만 사귀어도 괜찮지만 일을 할 때는 그럴 수가 없다. 직장에는 마음이 맞는 사람만 있는 것이 아니다. 정체를 모르는 사람이나 껄끄러운 사람과도 어떻게든 잘 지내야 한다.

고객처럼 초면인 사람과 이야기해야 하는 상황도 있다. 사교성이 없어 초면이나 잘 모르는 사람과 이야기하는 일이 서툰 사람에게는 업무상 맺는 인간관계가 매우 큰 스트레스다.

그런 사람에게는 사교적이고 누구와도 금세 마음을 터놓고 이야기하는 사람이 부러울 수밖에 없다. 하지만 사교적이고 주변 사람들을 웃게 하는 사람의 마음속에도 인간관계를 둘러싼 갈등이 도사리고 있다.

대인관계에서 나타나는 불안을 '대인불안'이라고 하는데, 많은 사람이 이 대인불안을 안고 산다.

대화가 끊어지는 느낌

심리학자 배리 슐렝커Barry Schlenker와 마크 리어리Mark Leary에 따르면 대인불안은 현실이나 상상에서 다른 사람을 만났을 때 다른 사람에게 평가받거나, 평가받을 것을 예상하면서 생기는 불안이다. 실제로 누군가와 함께 있을 때도, 앞으로 누군가를 만날 생각을 할 때도, 상대가 어떻게 생각할지 신경 쓰여 불안해진다면 이것 또한 대인불안이다.

초면인 상대와 만날 때뿐만 아니라 직장 동료와도 과하게 신경써서 지치는 사람이 의외로 많다.

그런 사람들은 '침묵을 못 견디겠다'는 말을 자주 한다. 인사도 했고 용건도 전했는데, 필요한 말을 다 하고 나면 무슨 말을 해야 할지 모르겠다. 무슨 말이라도 해야겠다 싶지만, 당황해서 머릿속이 백지상태가 되어 아무 생각도 나지 않는다. 이 순간의 침묵이 자신을 짓눌러 견딜 수가 없다.

이런 사람은 취직하고 나서 갑자기 대인불안에 시달리는 것이 아니다. 학생 때나 어린 시절부터 초면인 사람이나 친하지 않은 친구와 함께 있으면 '무슨 말을 하지?', '분위기 깨는 소리를 하면 안 되는데', '호의적으로 봐주려나' 하는 생각에 불안했을 것이다. 친해진 친구와 함께 있을 때도 '나랑 같이 있어도 즐겁지 않은 걸까?', '질리지는 않으려나' 하는 생각을 하며 불안에 시달렸을 것이다.

억지로 말한다

소극적이고 말이 없는 사람만 대인관계에 신경 쓰고 대인불안에 시달리는 것이 아니다. 다른 사람과 있을 때 항상 텐션을 끌어올려 이야기하며 분위기 메이커 역할을 하는 사람 중에도 사실은 상당히 신경을 쓰며 무리하는 사람이 있다. 주변 사람들과 자연스럽게 섞여 들고 싶은 마음에, 무리에 끼어들고 싶어서 필사적으로 텐션을 끌어올린다.

일본 소설가 다자이 오사무太宰治[2]의 작품은 어느 시대든 젊은이들에게 공감을 얻는데, 아마도 주인공이 느끼는 대인불안에 강하게 공감하기 때문일 것이다. 아직 사회에 적응하지 못한 젊은 세대가 특별히 더 끌리겠지만, 나이에 상관없이 많은 일본인의 마음에 와 닿는 무언가가 있다.

다자이 오사무의 『인간실격』에 나오는 한 부분을 보자. 이 부분은 작가의 내면에 그려진 정신적 자서전이라는 평을 듣는다. 타고난 익살로 주변에 녹아 들어간 주인공은 이윽고 반에서 인기인이 된다. 눈앞의 상대와 어색해지는 것이 무서워 필사적으로 서비스 정신을 발휘하면서도 본성을 들킬지 모른다는 공포를 느낀다. 그러다가 상대의 마음에 드는 일만 생각하느라 진심을 말할 수 없게 된 자신의 모습을 깨닫는다.

---

[2] 1909~1948. 일본 근대문학을 대표하는 작가로 1948년 자전적 이야기를 소설화한 문제작
『인간실격(人間失格)』을 완성했으며, 이 이야기는 영화 및 TV 드라마 등으로도 제작되었다.

"저는 이웃과 대화를 거의 하지 않습니다.

무슨 말을 어떻게 해야 좋을지 모르겠습니다.

그래서 생각해낸 방법이 익살이었습니다.

익살은 제가 인간에게 하는 최후의 구애였습니다.

저는 인간을 극도로 무서워하면서도 인간으로 살았고,

아무리 해도 인간을 떨쳐낼 수 없었던 것 같습니다.

그렇게 저는 익살이라는 끈으로 간신히 인간과 이어질 수 있었습니다.

겉으로는 항상 웃음을 띠면서도 속으로는 필사적인,

정말 천 번에 한 번 성공할까 말까 한 위험천만하고

진땀 빼는 서비스였습니다."

(다자이 오사무, 『인간실격』 중에서)

이런 글을 읽으면서 자신도 대인불안과 무관하지 않다고 느끼는 사람이 많지 않을까? **대인불안을 느끼는 것이 절대 이상한 게 아니라는 사실만 깨달아도 불안은 다소 줄어든다.**

▌대인불안의 장점

대인불안이라고 하면 바람직하지 않다고 생각하기 쉽지만 사실 그렇지 않다.

대인불안이 심한 사람은 다른 사람이 자신을 어떻게 생각할지 신경 쓰여 타인을 배려하는 행동을 한다.

미국에서 시행한 심리학 연구에서도 불안이 심한 사람이 신중하게 상대를 배려하고 예의 바르게 대했으며, 정중하게 행동해서 좋은 인간관계를 맺는다는 사실이 증명되었다.

또한 대인불안이 심한 사람은 타인의 기분에 공감하는 능력이 뛰어나다는 사실도 증명했다.

이처럼 대인불안이 대인관계에 주는 이점도 있으니 이 점을 인지하고 위축되지 않기 바란다.

32 _ 자기애성 인격장애

자신이 특별하다고 생각하는 사람의 심리

Question

다른 사람의 공을 아무렇지 않게 가로채거나, 꼴사나울 정도로 자기 어필을 하는 동료가 있어 지긋지긋합니다. 어떻게 그럴 수가 있는지 이해할 수 없습니다. 다른 사람이 성과를 올려 칭찬이라도 받으면 노골적으로 못마땅한 표정을 보이며 투덜거려 더 화가 납니다. 정말 최악입니다. 그런데도 그런 모습을 모르는 상사는 그를 믿음직스럽게 생각하고 좋은 평가를 하니 의욕이 생기지 않습니다.

꼴 보기 싫을 정도로 자기 어필을 하는 동료는 어느 직장에나 있지만, 그런 행동이 도를 넘어 다른 사람을 속이는 사람도 있다. 예를 들면 직장 동료에 관해 다음과 같은 이야기를 털어놓는 사람이 있었다.

"자기 어필이 귀여운 수준이 아니에요. 덫에 걸린 느낌입니다. 얼마 전에도 선배가 상사에게 핀잔을 들었는데 선배의 사정을 들어보니 상사가 선배에게 전하라고 부탁한 정보를 그 동료가 잘못 전달했더군요. 그래서 선배는 거래처에서 요구한 서류가 아닌 다른 서류를 지참하게 됐습니다. 그 동료는 선배가 핀잔 듣는 모습을 보며 슬며시 미소를 짓더군요.. 이런 일이 심심치 않게 있습니다."

이런 사람은 다른 사람이 실패하면 자신의 평가가 올라가기라도 하는 듯 비겁한 행동을 한다.

"얼마 전 사내에서 큰 기대를 거는 새로운 프로젝트를 시작해 여기에 참여하는 구성원 후보를 각 부서에서 추천받았습니다. 과장님이 한 동료를 지명했는데 옆에서 듣고 있던 그 사람이 '○○씨보다는 제가 그 프로젝트에 적합하다고 생각합니다. 저를 추천해주시면 안 될까요?'라고 하더군요. 그 뻔뻔함에 정말 질렸습니다. 게다가 실력은 과장님이 지명한 선배가 훨씬 낫습니다. 설사 자신의 실력이 더 낫다고 해도 보통 그런 말은 못 하지 않나요?"

이렇게 꼴사나울 정도로 자기 어필을 하는 사람을 보면 불쾌하다고 말하는 사람도 있다.

또 누군가가 큰 계약을 따내 상사에게 칭찬을 들을 때마다 못마땅해하며 뒤에서 그 사람 험담을 퍼뜨리는 동료가 있어 너무 불쾌하다고 토로하는 사람도 있다.

▍'나는 특별하다'라는 생각이 지나친 사람들

자신이 특별하다는 생각이 너무 지나친 사람들이 있다. 너무 극단적이어서 이해할 수 없는 수준이면 자기애성 인격장애를 의심하게 된다.

자기애성 인격장애가 있는 사람은 자신이 특별하다는 의식이 극단적으로 강해 자신이 활약하고 있다는 과대망상에 빠져 있다.

칭찬받고 싶다, 나에게는 다른 사람보다 뛰어난 면이 있다, 나는 이런 데 묻혀 있을 사람이 아니다. 누구나 많든 적든 이런 생각들을 마음속에 품고 있다.

타인의 일과 내 일이 명백하게 다르듯이 누구에게나 자기 자신은 특별하다. 일반적으로 다른 사람의 성공을 축하하는 마음보다 자신의 성공을 기뻐하는 마음이 훨씬 크다.

하지만 자신이 특별하다는 생각이 극단적으로 강하고 과대망상에 가까울 만큼 부풀었을 때는 자기애성 인격장애가 된다.

그림(184쪽)과 같은 특징에 해당하는 부분이 많다면 자기애성 인격장애로 볼 수 있다. 전부 해당하지 않더라도 많은 부분이 일치하는 사람이 어느 직장에나 한 명쯤은 있을 것이다.

이런 유형의 사람은 자기가 특별하다는 생각이 지나치게 강해 자신의 성공을 위해서 태연하게 다른 사람을 이용한다. 자신은 특별한 존재이니 무슨 짓을 해도 괜찮다고 생각한다.

하지만 이는 **근거 없는 우월감이기에 속으로는 자신이 없고, 그 불안함을 지우려고 그러는지 타인의 칭찬을 갈구한다.** 그래서 다른 사람의 평가에 매우 민감하고, 자신을 떠받들지 않으면 연약한 자존심에 상처 입고 공격적인 태도를 보인다.

이런 사람은 누군가 성공하면 험담을 하거나 중상모략하듯 소문을 퍼뜨리기도 하는데, 이 역시 비교당해서 연약한 자존심에 상처를 입기 때문이다. 주변에서 좋은 평가를 받는 사람을 보면 시기하며 못마땅한 태도를 보이는 것도 같은 이유에서다.

▌얽히면 아주 귀찮은 일이 벌어진다

이런 유형의 사람은 제멋대로인 데다 공격적이어서 기분 좋게 함께할 수 없다. 게다가 지식이 뚜렷하게 왜곡되어 있고 아무리 말해도 통하지 않는다. 그뿐만 아니라 공격성을 드러내 복잡한 일이 벌어질 수도 있어, 처음부터 얽히지 않는 것이 제일 좋다.

퇴근길에 다니는 스포츠센터에서 알게 된 상대에게 식사 초대를 받아 한번 이야기를 들어준 일이 있는데, 그 일이 계기가 되어 그 뒤로 자주 식사를 같이하다 그 사람 때문에 스포츠센터에 다니지 못하게 된 사람이 있다. 매번 일방적으로 불평이나 고민을 털어놓는 데다가 자기 일 말고는 전혀 관심 없는 태도에 참다 참다 '더는 못 듣겠어!'라는 생각에 거절했더니 주변에 험담을 퍼뜨려 다른 사람들이 자신을 이상한 눈으로 보게 됐고, 결국 마음이 상해 스포츠센터를 그만두었다고 한다.

스포츠센터는 그만두면 그뿐이지만 직장은 그렇지 않다. 혹시 회사에 자기밖에 모르는 사람이 있다면 절대 얽히지 않아야 한다. 상대방의 요구를 모두 충족시켜줄 때는 괜찮지만 일단 받아주면 점점 더 기댈 테고, 막상 도망치려고 하면 골치 아픈 일이 생길지도 모른다.

자기애성 인격장애인 듯한 사람이 한 명만 있어도 분위기를 온통 휘저어놓아 직장 내 인간관계가 엉망이 되어버리는 일이 실제로 일어난다. 어떤 정보가 진짜인지 알 수 없어져 서로 의심만 점점 깊어진다.

이런 일에 얽히지 않으려면 **위험한 기색이 조금이라도 느껴질 때
자신을 보호하는 차원에서 거리를 둬야 한다.**

자기애성 인격장애의 특징

특징 1 근거 없는 자신감을 가진다.

특징 2 자신은 특별하다는 생각이 지나치다.

특징 3 칭찬받고 싶어 하며 그렇지 못하면 기분이 상한다.

특징 4 태연하게 다른 사람을 이용한다.

특징 5 공감 능력이 부족하고 다른 사람의 기분에 관심이 없다.

특징 6 자신보다 뛰어난 성과를 내는 사람과

인기 있는 사람을 질투한다.

33 _ 샤덴프로이데

남의 불행은 나의 행복?

Question

다른 사람의 불행을 기뻐한다고 해야 할까, 비웃는 듯한 동료가 있습니다. 그렇게까지 못된 사람은 드라마에나 있다고 여겼는데 이렇게 못된 사람이 실제로 있다는 생각에 웃기기도 합니다. 그런 사람은 도대체 무슨 생각을 하는 건지 너무 궁금합니다. 그 심리에 대해 알고 싶습니다.

일반적으로 불행한 일을 당한 사람을 보면 동정심을 느끼지만, 가끔 쌤통이라며 좋아하는 사람도 있다.

어떤 사람은 같은 부서 선배의 승진이 보류되었다는 소문을 듣고 "저 선배, 이번 승진에서 밀렸다던데"라며 살짝 기쁘다는 듯이 말하는 동료를 보고 정말 기분 나쁜 사람이라고 생각했다는 이야기를 했다.

또 먼 지방으로 이동 발령이 나서 속상해하는 동료를 다들 위로하고 있는데 옆에 와서 "이봐, 나도 들었어. 너 완전 시골 촌구석으로 쫓겨났다며"라고 말하며 재밌다는 듯 얼굴 가득 미소를 짓는 동료를 보고 다른 사람의 불행에 기뻐해 너무 불쾌했다는 사람도 있었다.

이런 이상한 사람이 세상에는 꽤 많은 모양이다.

▌타인의 불행을 기뻐하는 심리

'남의 불행은 나의 행복'이라는 듯이 다른 사람의 불행을 비웃는 사람이 분명히 존재한다.

다른 사람의 불행을 기뻐하는 심리를 샤덴프로이데 Schadenfreude**라고 한다.**

다른 사람의 불행을 기뻐하면 자신의 평판이 나빠질 테고 윤리적으로도 이해받지 못할 것이기 때문에 그 누구도 자기 마음속에 그런 심리가 숨어 있다고는 생각하고 싶지 않을 것이다. 실제로 가까운 사람의 불행을 보고 비웃을 사람은 없겠지만, 약간 거리가 있는 사람의 일이라면 의외로 샤덴프로이데를 느끼는 경우가 꽤 있다.

연예인의 스캔들 혹은 유명인사가 불행한 일을 당하거나 실언으로 뭇매를 맞는 뉴스를 보고 흥분하는 사람들을 보면 단적으로 알수 있다. **자신과 아무런 관련도 없는 사람의 불상사나 실언, 스캔들에 왜 그렇게 흥분하는 걸까?**

한 사례로 2020년 개최 예정이었던 도쿄 올림픽 엠블럼으로 선정됐던 사노 겐지로佐野研二郎의 디자인을 두고 '벨기에 리에주 극장의 로고와 비슷하다, 표절이다'라며 로고 제작자가 일본 올림픽 위원회에 사용 금지를 요청하는 문서를 보낸 사건이 있었다.

이 사건을 계기로 표절 의혹이 불거져 결국 사노 씨는 작품을 회수하고 공식 엠블럼으로 사용하지 않기로 했다. 이 과정에서 인터넷에는 사노 씨의 다른 작품들이 올라왔고 표절 의혹을 제기할 만

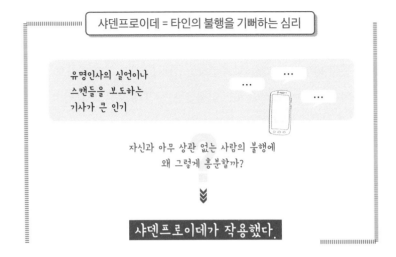

샤덴프로이데 = 타인의 불행을 기뻐하는 심리

유명인사의 실언이나 스캔들을 보도하는 기사가 큰 인기

... ...

자신과 아무 상관 없는 사람의 불행에 왜 그렇게 흥분할까?

샤덴프로이데가 작용했다.

한 작품을 필사적으로 찾는 사람들까지 나오면서 '이 디자인은 이 작품과 비슷하다. 표절이다!'라는 취지의 댓글이 쏟아졌다.

이 표절 의혹에 관해 매일 수천 건의 트위터 글이 올라왔고, 가장 많은 날은 1만 건을 넘을 정도였다. 컴퓨터 앞에 앉아 열심히 검색하는 사람들의 열정은 어디서 나오는 걸까? 그 열정에 '쌤통'이라는 생각이 들어 있다는 사실을 부정할 수 있을까?

이런 사람 중에는 평소 일할 때보다 훨씬 의욕이 샘솟고 두근두근 설레며, 심지어 행복을 느끼는 사람도 있지 않을까?

이렇게 **타인의 스캔들에 흥분하는 사람들의 마음속에는 샤덴프로이데가 잠재해 있으며, 그들은 이를 정의감으로 포장해서 발산한다.**

▮자신이 우위에 섰을 때야말로 주의가 필요하다

대부분이 타인의 스캔들에 흥분하는 심리를 가지고 있더라도, 샤덴프로이데와 같이 공격적이고 심술궂은 심리가 모든 사람의 마음속에 항상 나타나는 것은 아니다.

동료에게 뒤처져 자신이 더 초라하게 느껴질 때, 다른 사람의 불행을 보면 무의식중에 '쌤통이다'라고 생각하는 심리에 빠진다.

심리학 연구에 따르면 샤덴프로이데가 생기려면 몇 가지 조건이 필요하다.

① 그 일에 대한 책임이 불행한 일을 당한 사람에게 있을 때, 즉 자업자득이라는 의미에서 샤덴프로이데가 생긴다.
② 불행 정도가 그다지 심각하지 않을 때, 샤덴프로이데가 생긴다.
③ 상대의 사회적 위치가 높을수록 샤덴프로이데가 생기기 쉽다.

이 세 가지 조건이 특히 중요하다. 경제적으로 유복하고 능력과 학력이 높으며 유명인일수록, 즉 상대가 더 나은 상황에 있다고 생각될 때 샤덴프로이데가 생겨나기 때문이다.

이때 사회적 위치가 높은 사람이란 유명인처럼 사회적 위치가 높은 사람만이 아니라 학력이 높은 친구나 동료, 인기가 많은 친구, 출세한 동료, 경제적으로 유복한 엄마 친구, 외모가 매력적인 친구나 동료 등 어떠한 면에서 본인보다 나은, 가까운 사람을 포함한다.

특히 나이가 비슷하고 동성일 때 비교하는 심리가 더 잘 작용해, 생각지도 못한 일로 샤덴프로이데가 생길 가능성이 있다.

따라서 복잡한 일이 생기지 않도록 직장 동료 앞에서 자신이 더 나은 점을 드러내는 언행을 삼가는 것이 좋다.

샤덴프로이데의 타깃이 되기 쉬운 사람

유형 1 학력이 높은 사람   유형 4 출세한 사람

유형 2 인기가 많은 사람   유형 5 경제적으로 유복한 사람

유형 3 성과를 올린 사람

34 _ 인지균형이론

공통점이 많아야 친해질 수 있을까?

Question

영업 활동을 잘하려면 상대와 취미가 같든지, 고향이 같든지, 같이 아는 지인이 있든지, 뭐든 공통점이 있어야 유리하다고 하는데, 과학적으로 근거가 있는 말인가요?

공통점이 있을 경우 말이 잘 통했던 경험은 누구에게나 있지 않을까? 거래처 담당자와 취미가 같아서 말이 잘 통한 것을 계기로, 실제로 함께 골프를 치러 가거나 야구 관람을 하러 가는 사람도 있다. 또 고향이 같아서 대화가 무르익는 일도 있다. 출신 학교가 같다는 사실을 알면 그리운 추억이 떠올라 갑자기 친근한 분위기가 조성되기도 한다.

이런 경험에서 영업 활동을 할 때 거래처 담당자와 취미가 같은 사람이나 고향이 가까운 사람, 또는 출신 학교가 같은 사람을 보내는 전략을 자주 쓴다. 하지만 회사 경영자나 관리자 중에는 이 방법이 정말 효과적인지 의문을 갖는 사람도 있는 듯하다.

한 경영자에게 다음과 같은 소박한 질문을 받았다.

"우리 회사도 거래처 담당자와 고향이나 출신 학교가 같은 사람을 영업 담당자로 보내기는 하는데, 가끔 이게 맞나 싶을 때가 있어요. 고향이 같다고 해도 이런저런 사람이 있지 않습니까? 마음이 맞는 사람이 있으면 안 맞는 사람도 있을 텐데…… 또 같은 학교 출신이지만 싫어했던 사람도 있잖아요.

그런데 단지 고향이 같다든가, 출신 학교가 같다고 해서 마음이 더 가거나 친근함을 느낄까요?"

지당한 말씀이다. 하지만 실제로 공통점이 있으면 협상을 원만하게 진행하기에 좋다. 여기서 인간은 곰곰이 생각해서 반응하는 존재가 아니라 반사적으로 움직이는 존재라는 사실을 알 수 있다.

여기에는 어떤 심리 법칙이 작용하는지 살펴보자.

▍인간관계는 세 부호의 곱이 '+'가 되는 방향으로 움직인다

이 문제는 심리학자 프리츠 하이더Fritz Heider의 인지균형이론을 이용해 설명할 수 있다.

그림(193쪽)에 있는 삼각형에서 P-O-X 삼자 간 부호를 곱해 '+'가 되면 이 삼자 관계는 균형 상태이며 안정적이다. 하지만 '-'라면 그 삼자 관계는 불균형 상태로 불쾌감과 같은 심리적 긴장이 생기기 때문에 어떻게 해서든 균형 상태, 즉 곱이 '+'가 되도록 어느 한쪽의 기호를 바꾸려는 움직임이 발생한다.

P는 본인, O는 상대를 의미한다. X는 인물, 사물, 가치관, 취미, 좋아하는 팀, 고향, 출신 학교와 같이 다양한 것으로 지정할 수 있다.

'+' 기호는 '좋아함'이나 '그리움', '추억', '심취함'과 같이 긍정적인 관계나 감정을 의미한다. 반면 '-' 기호는 '싫어함'이나 '떠올리기 싫음', '마음에 들지 않음', '관심 없음'과 같이 부정적인 관계나 감정을 의미한다.

예를 들어 P가 일본 프로야구팀 요미우리 자이언츠 팬이고, O도 요미우리 팬이라고 하자. 이는 그림 ①에서 X에 요미우리를 넣는 상황에 해당하며 P와 X, O와 X의 관계는 '+'이기 때문에 세 기호의 곱이 '+'가 되려면 P와 O의 관계가 '+'가 되어야 한다. 그래서 P와 O는 우호적인 관계될 가능성이 크다.

하지만 P가 요미우리 팬인데, O는 다른 야구 팀인 한신 타이거즈 팬이라서 요미우리를 싫어한다고 해보자. 이는 그림 ④에서 X에 요미우리를 넣는 상황에 해당하며 P와 X의 관계는 '+', O와 X의 관계는 '-'이기 때문에 세 기호의 곱이 '+'가 되려면 P와 O의 관계는 '-'가 되어야 한다. '-'를 짝수로 곱하면 '+'가 되기 때문이다. 그래서 P와 O는 사이가 나빠지거나 사이가 멀어질 가능성이 크다.

골프가 취미인 사람끼리 친해지는 심리도, 고향이나 출신 학교가 같은 사람끼리 친해지는 심리도 마찬가지로 그림 ①로 설명할 수 있다. 다만 고향과 출신 학교에 대해 부정적인 감정이 있다면 고향이나 출신 학교가 같은 사람을 피하려는 심리가 작용해 그림 ①이 아니라 ⑤와 같은 구조가 되고, 이 구조에서는 불쾌감을 느낄 수 있어 O가 P를 피하려고 하거나 형식적인 관계에만 머무르려 하면서 결국 ④의 구조가 된다.

χ ··· 인물, 사물, 가치관, 취미, 좋아하는 팀, 고향, 출신 학교 등
O ··· 상대
P ··· 본인

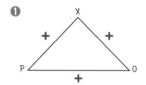

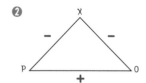

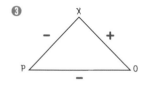

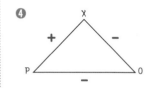

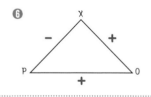

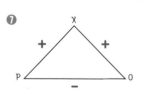

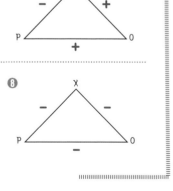

일상의 인간관계도 같은 원리로 움직인다

취미나 고향이 같은 경우만이 아니라 X에 제3자를 넣을 수도 있다. 그렇게 하면 일상의 인간관계를 설명할 수 있다.

예를 들어 P는 X에게 호의적이며 O와도 친하다고 하자. 어떤 계기로 X의 일이 화제에 올라 O는 X를 좋아하지 않는다는 사실을 알았다. 이는 그림 ⑤의 구조에 해당한다.

이 상태로는 세 부호의 곱이 '-'이기 때문에 '+'로 만들기 위해 P가 X의 좋은 점을 이야기하며 O가 X에 대해 오해하고 있다고 전한다. 그래서 O가 이해하고 자신이 X를 오해하고 있었다고 말하면 그림 ①의 구조가 되어 모두 사이가 좋아지고, 삼자 관계는 안정된다.

또는 O가 X의 나쁜 점을 말하며 P가 X에게 속고 있다고 설명하고, P도 이를 수긍해 X를 잘못 봤다고 말하면 그림 ②의 구조가 되면서 X를 배제한 형태로 삼자 관계는 안정된다.

한편 P도 O도 양보하지 않는 경우는 그림 ④의 구조가 되고, P와 O가 의절하는 형태로 삼자 관계가 안정된다.

때때로 회사 동료를 모함하는 사람이 있거나 나쁜 소문을 퍼뜨리는 사람이 있는데, 여기에는 '-' 관계를 '+'로 바꾸려는 누군가의 의도가 작용하기도 한다. 복잡한 인간관계에 휘둘리지 않기 위해서라도 이 그림을 기억해두면 편리하다.

Leadership

리더십의 심리학

어떻게 하면
집단을 효과적으로
이끌 수 있을까?

35 _ 영향력의 기반

따르고 싶은 인간상

Question

아버지에게 회사 경영자 자리를 물려받았지만, 다른 임원은 지위를 그대로 유지했으니 불만이 없겠지 했습니다. 하지만 임원들이 제 지시를 따르지 않고 어딘가 원만하지 못한 기분입니다. 이런 상황에선 어떤 점에 신경 써야 할까요?

창업자의 뒤를 이은 경영자들의 고충을 여기저기서 많이 듣는다. 생각해보면 당연한 일이다. 창업하는 사람은 많지만 대부분 실패로 끝나고 성공하는 사람은 극히 일부에 불과하다. 게다가 후계자에게 경영권을 물려줄 정도로 오랫동안 유지해온 회사는 정말 드물다. 따라서 자식에게 경영권을 물려줄 정도로 성공한 창업자는 모든 면에서 재능을 타고난 사람이다.

부모가 자식에게 경영권을 양도한 기업은 거의 모든 결정이 톱다운 방식으로 이루어졌을 가능성이 크다. 이 방법은 효율성이 높아 새로운 사업을 추진할 때 신속하게 진행할 수 있다. 그렇지만 경영자의 잘못된 판단으로 회사가 심각한 위기 상황에 내몰릴 수도 있다. 그런 면에서 자식에게 경영권을 물려줄 정도로 회사를 궤도에 올려 성장시키고 이끌어온 창업자는 경영능력이 매우 뛰어난 사람이라고 할 수 있다.

선대 시절부터 회사를 지켜온 임원들은 창업자의 발상과 결단을 신뢰하고 인간적으로 존중해 오랫동안 함께해온 만큼 아직 경영자로서 미숙한 후계자를 엄격하게 지켜볼 수밖에 없다.

그렇다면 어떤 면에 신경을 써야 할까? 이 부분은 리더십론에 근거해서 생각해보자. 이번 장은 창업자인 아버지의 뒤를 이은 경영자들만이 아니라 상사의 위치에 있는 모든 사람에게 해당하는 리더십론으로 읽어주기 바란다.

▌영향력의 여섯 가지 기반

리더는 **어떻게 하면 무리 없이 영향력을 발휘할 수 있을지 생각해야한다. 이때 사회적 권력의 여섯 가지 기반이 도움이 된다.**

사람이 사람에게 미치는 영향력, 다시 말해 사회적 권력에 대해 심리학자 프렌치J. R. French와 레이븐B. Raven은 보상적 권력, 강압적 권력, 합법적 권력, 준거적 권력, 전문적 권력, 이렇게 다섯 가지를 꼽았다. 그 뒤 레이븐이 정보적 권력을 추가해 여섯 가지가 되었다.

보상적 권력과 **강압적 권력**은 두말할 필요가 없는 영향력으로 직원에게도 영향을 준다. 직원들은 설사 수긍할 수 없더라도 일단 따른다.

하지만 진심으로 이해한 것은 아니라서 속으로 불만을 품고 반발하기도 한다. 기술에 관한 지식이 부족하거나 트렌드를 읽는 능력이 떨어지고, 조직 운영 능력이 미숙하며 정확한 지시도 조언도 하지 못하는 상사일지라도 직원들이 따르는 이유는 이런 권력이 있기 때문이다.

합법적 권력도 보상적 권력이나 강압적 권력과 마찬가지로 '어쩔 수 없이'라는 뉘앙스가 담겨 있다.

이에 비해 **준거적 권력**은 '저 사람처럼 되고 싶다', '저 사람을 따르고 싶다'와 같이 상대와 자신을 동일시하는 생각을 기준으로 하는 호의적 감정과 심리적 일체감을 의미한다.

그래서 보상적 권력이나 강압적 권력, 합법적 권력과 같이 '억지로'나 '어쩔 수 없이'가 아니라 영향을 받은 직원들이 기꺼이 지시와 주의를 받아들인다.

전문적 권력은 '저 사람의 지식은(기술은) 확실하다', '저 사람을 능가할 수는 없어'와 같이 직원이 상사의 전문적 능력에 가지는 존경심을 기초로 삼기 때문에 보상적 권력이나 강제적 권력, 합법적 권력과 같이 '억지로', '어쩔 수 없이'하는 것이 아니라서 모두가 반발 없이 지시와 주의를 받아들인다.

정보적 권력도 전문적 권력과 마찬가지로 상사의 정보력이 한 수 위라는 사실을 인정하기 때문에 보상적 권력이나 강압적 권력, 합법적 권력처럼 '억지로', '어쩔 수 없이'하지 않고 모든 직원이 반발 없이 지시와 주의를 받아들인다.

정보화 시대에 필요한 정보에 접근하는 능력이 점점 중요해져 정보적 권력을 가진 사람의 영향력은 '상사에서 부하 직원으로'라는 방향뿐만 아니라 '부하 직원에서 상사로' 가는 방향에서도 중요성이 높아지고 있다.

영향력의 여섯 가지 기반

1. 보상적 권력
급여 인상이나 높은 보너스, 승진, 표창, 원하는 부서로 이동 등 금전적 보상이
나 지위 보상, 보람과 같은 보상을 주는 힘에 근거한 영향력

2. 강압적 권력
급여 인상 보류나 급여 삭감, 낮은 상여금, 승진 보류와 직위 강등, 처분, 좌천
등 금전적, 지위·명예, 보람과 같은 면에서 징계를 내리는 힘에 근거한 영향력

3. 합법적 권력
지위 관계나 역할 관계에 따라 영향력을 미치는 사람이 자신에게 영향력을
행사하는 것이 당연하다는 인식에 근거한 영향력

4. 준거적 권력
영향력을 받는 사람의 호의적 감정이나 심리적 일체감에 근거한 영향력

5. 전문적 권력
영향력을 미치는 사람이 특정 영역에서 경험이 많아 전문적 지식이나
기술이 자신보다 한 수 위라고 인정하는 생각에 근거한 영향력

6. 정보적 권력
영향력을 미치는 사람이 유용한 정보를 가지고 있거나 정보원을 잘 알고
있다는 사실에 근거한 영향력

▎전문적 권력은 필수, 가능하면 준거적 권력도 가져야

상사가 부하 직원에게 보상적 권력과 강압적 권력, 합법적 권력을 행

사하는 일은 당연하다고 여기지만, 상사가 가진 권력이 거기까지면 어쩔 수 없이 따르는 정도에 그치게 된다. 형식적으로는 지시대로 움직이지만 눈길이 닿지 않는 곳에서는 적당히 게으름을 피우거나, 최소한의 의무는 하지만 열심히 일하지 않을 수 있다.

경영자든, 관리자든 **리더라면 누구나 보상적 권력과 강압적 권력, 합법적 권력을 가진다. 하지만 직원들이 '억지로', '어쩔 수 없이' 따를 뿐이어서 리더는 쓸쓸할 수밖에 없다.** 이래서는 조직의 발전을 기대할 수 없다.

따라서 준거적 권력이 이상적이다. 성공한 창업자는 반드시 이 권력을 가지고 있다. '저 사람을 따르고 싶다'라고 말하는 직원이 많아야 성공했다고 볼 수 있다. 준거적 권력은 인간성과 깊이 관련되어 있어 하루아침에 얻을 수 없다. 따라서 이상적인 경영자가 되려면 인간적인 매력을 갈고 닦아야 한다.

또한 당면한 목표는 전문적 권력을 갖추는 일이다. 전문 분야가 기술이냐, 영업이냐, 재무냐, 그리고 경력이 어떻게 되느냐에 따라 다르겠지만, 전문적 지식을 쌓고 끊임없이 최신 동향을 확인하는 노력을 아끼지 말아야 한다. 그리고 정보 인프라 확보는 부하 직원에게 기대더라도, 조직 관리 부분의 전문 능력을 높이기 위한 공부는 게을리하면 안 된다.

36 _ 인정 욕구

반발이 심한 부하 직원 대응법

Question

저는 부하 직원이 빨리 실력 발휘를 하길 바라는 마음에 성장하라고 엄하게 지도하는 편인데, '잘못을 지적만 한다'며 불만을 토로하는 직원이 많다고 합니다. 갑질이라는 소리를 듣는 것도 곤란하고, 그만두기라도 하면 관리 능력에 문제가 있어 보일 수 있으니 조심하라는 말을 다른 부서 지인에게 들었습니다. 틀린 말은 아니지만, 업무가 아직 미숙한 직원이 많고, 고쳐야 할 점을 보고도 지적하지 않을 수 없는데 이런 경우엔 어떻게 해야 할까요?

회사에 도움이 되는 인재가 되고 더 성장하기 위해선 미숙한 점이나 고쳐야 할 점에 대한 지적을 받으면 바로 고쳐야 하는데, 요즘 젊은 사람들은 지적을 받으면 쉽게 반발하거나 풀이 죽어 지도하기가 어렵다. 이는 어느 직장이나 관리자들이 입을 모아 토로하는 고민이다.

회사 경영자나 관리자가 업무의 질을 높이기 위해 주의를 주는 일에 왜 망설여야 하는지, 세상이 정말 이상해졌다는 생각을 하는 사람도 많다.

자신들이 젊었을 때는 더 엄하게 주의를 받았는데도 순순히 받아들이고 업무수행 방식을 고치며 성장해왔으니 요즘 젊은 세대들의 마음을 이해하기가 어렵다.

하지만 시대의 변화를 거스를 수는 없다. 따라서 젊은 사람들의 마음을 이해하고 그런 심리를 반영해 인재로 키워내야 한다.

우선 요즘 젊은 사람들의 심리를 살펴보자.

▌'인정받고 싶다'는 욕구가 매우 강하다

요즘 젊은 세대들은 '칭찬은 고래도 춤추게 한다'는 교육 사상이 급속도로 퍼지던 시대에 자랐다. 게다가 자기 자녀가 혼나거나 심한 꾸중을 들으면 바로 학교에 클레임을 거는 '몬스터 부모(일본에서 자신의 아이만을 위해 학교에 무리한 요구를 하는 극성 부모를 가리킨다-옮긴이)'까지 등장해 학교 선생님도 학생들을 혼내기 어려운 분위기 속에서 학창 시절을 보냈다.

따라서 **늘 칭찬받으며 인정 욕구를 채워왔기 때문에 인정 욕구가 채워지지 않으면 의욕이 생기지 않는 사람이 많아졌다.** 또 혼난 적이 거의 없다 보니 핀잔을 듣거나 주의를 받으면 참지 못하는 사람도 적지 않다.

입사 연차가 높은 사람들은 학생 때 집에서든 학교에서든 자주 혼나며 자랐고, 엄한 교육을 받으며 저항력을 키워서인지 취업 후에 상사나 선배에게 크게 혼나도 상처받지 않았다. 때때로 불합리한 일을 당하면 '내가 뭘 잘못했어!'라고 반발하면서도 '기필코 인정받고 말겠다'며 열심히 노력했다.

하지만 **요즘 젊은 세대는 핀잔을 발판 삼아 노력하기보다 반발하거**

나 의욕을 잃어버리는 사람이 많다.

상사는 상대를 위해서 한 말인데 그 직원은 냉정하게 받아들이고 심지어 피해자 의식을 가지기도 한다.

그들에게는 주의를 받았다는 사실 자체가 자신의 방식을 인정하지 않는다는 의미가 되기 때문에 기분 상하고 의욕을 잃는다. 따라서 "잘못만 지적해서 의욕이 떨어진다"라든가, "이건 그냥 갑질이다"라는 불만을 토로하는 사람의 심리에는 채워지지 않은 인정 욕구가 꿈틀대고 있다고 봐도 좋다.

칭찬만 받아온 세대는 주의나 핀잔에 약하다

인정 욕구를 충분히 채우며 자라

인정 욕구가 채워지지 않으면 의욕이 생기지 않는다

➡ 마음이 단련되지 않아서 핀잔을 발판 삼아 노력하기보다는 반발하거나 의욕을 잃어버리는 사람이 많다.

▌'이러면 안 돼'가 아니라 '이러면 어떨까?'

이렇게 자란 세대는 잘못을 지적받았을 때 견딜 수 있는 감수성을 갖추지 못해 '내가 뭘 잘못했어!', '제대로 배워서 갚아줄 테다'라며 의욕을 불태우기 어렵. 의욕으로 이어지는 반발이 아니라 '애써 노력했는데 잘못했다는 지적이나 받다니, 일하기 싫어졌어'라는 식으로 반발한다.

따라서 엄하게 자란 세대들로서는 상상도 못할 만큼 쉽게 상처받는다는 사실을 항상 염두에 두고 지도해야 한다.

요즘 젊은 세대들의 또 다른 특징은 매뉴얼 세대라는 점이다. 학생 때 다양한 아르바이트를 하면서 많은 경험을 쌓기는 하지만 요즘에는 사람에 따라 업무의 질이 달라지지 않도록 업무 대부분이 매뉴얼화되어 있다. 그래서 스스로 고민하고 아이디어를 내서 자발적으로 업무능력을 높이는 경험이 부족하다. 그러다 보니 잘못을 지적받았을 때 '그럼 어떻게 하면 되지?' 하고 당황하기 일쑤다.

따라서 갑자기 잘못을 지적하는 것은 좋지 않다. 상처를 주지 않고 버려진 느낌을 받지 않도록 "이건 아니지", "그렇게 대응해서 통할 리가 없잖아"라는 표현보다는 "이 부분을 좀 더 생각해보면 어때?", "조금만 더 정중하면 훨씬 좋은 인상을 주지 않을까?"라는 식으로 개선 방향을 제시하는 표현을 사용하면 같은 내용이라도 잘 전해질 것이다.

▮조언은 명령보다 '질문'으로

쉽게 상처받는 세대를 성장시키는 일이 힘들다고 생각할 수도 있지만, 쉽게 상처받는 심리를 이해하고 그에 맞는 대응을 하면 그렇게 어려운 일도 아니다.

'잘못을 지적'하는 것이 아니라 개선 방향을 제시하는 표현을 사용하고, 이에 더해 '질문'하듯이 조언하는 것도 중요하다. "이렇게 해"라고 말하면 강요당하는 느낌이 들지만 "이런 식으로 하면 어떨

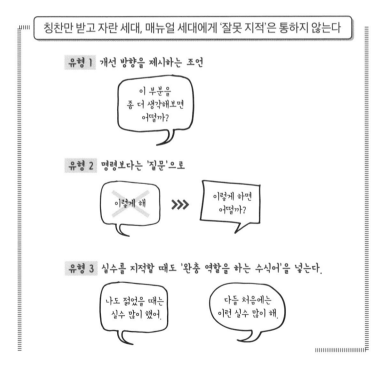

칭찬만 받고 자란 세대, 매뉴얼 세대에게 '잘못 지적'은 통하지 않는다

유형 1 개선 방향을 제시하는 조언

이 부분을 좀 더 생각해보면 어떨까?

유형 2 명령보다는 '질문'으로

이렇게 해 ⟫⟫⟫ 이렇게 하면 어떨까?

유형 3 실수를 지적할 때도 '완충 역할을 하는 수식어'을 넣는다.

나도 젊었을 때는 실수 많이 했어.

다들 처음에는 이런 실수 많이 해.

까?"라며 질문하듯이 말하면 온화한 인상을 준다. 이렇게 완충장치를 넣어 말하는 방법을 항상 의식해보자.

또한 실수를 지적하고 개선을 촉구할 때도 "나도 젊었을 때는 실수 많이 했어"라든가, "다들 처음에는 이런 실수를 많이 해"라는 식으로 **완충 역할을 하는 수식어를 넣어주면 훨씬 효과적이다.**

37 _ 관계성 욕구

잘한다고 계속 맡기기만 해도 될까?

Question

직원들을 평등하게 대해야 한다고 생각하는데, 아무래도 일이 서툰 직원에게 손이 많이 가다 보니 일을 잘하는 직원에게는 믿고 완전히 일을 맡깁니다. 일을 잘하는 직원에게는 책임지고 할 수 있도록 일을 맡겨야 의욕이 상승한다고 들었는데, 어쩐지 불만스러워하는 것 같습니다. 뭐가 문제일까요?

의욕의 법칙 중에 자율 욕구가 채워지면 의욕이 상승한다는 법칙이 있다('03_자율 욕구' 참고). 시키는 대로만 하면 되는 일은 편해서 좋지만 뭔가 부족하다, 나는 로봇이 아니니까 내 생각대로 움직이고 싶다, 누구나 이런 생각 하나쯤은 품고 산다. 일을 잘하는 사람일수록 이런 생각이 더 강하다.

그리고 누구나 가지고 있는 또 한 가지 욕구로, 관계성 욕구가 있다. 관계 맺기를 원하는 욕구다. 일을 잘하는 직원이라고 일을 맡겨놓기만 하면 직원의 자율 욕구는 채워지겠지만 관계성 욕구는 채울 수 없다. 상사는 믿음직한 직원이니까 안심하고 모두 맡긴다고 하겠지만, 직원은 일종의 소외감을 느낄 수 있다. 때로는 일이 서툰 직원을 부러워하기도 한다.

학교에서도 선생님이 열등생을 너무 챙기면 우등생이 소외감을 느끼는 일이 있는데, 이와 같은 일이 직장에서도 일어날 수 있다.

그래서 일을 잘하는 직원까지 모두 관계성 욕구를 채울 수 있도록 신경 써야 한다.

209

▌'신경 써주길 바라는' 심리

가끔 젊은 사람들은 선 긋기를 잘하고 직장 내 인간관계에 휘말리기 싫어한다는 말을 듣는다. 상사에게 끌려 술을 마시러 가거나 회식을 강요당하면 싫어한다. 하지만 퇴근 후 상사와 같이 있기를 싫어한다고 해서 상사가 자신에게 신경을 써주었으면 좋겠다는 생각이 없는 것은 아니다.

　일본의 통계수리연구소가 5년마다 시행하는 일본인 국민성 조사에 따르면 '급여는 높지만 가족적인 분위기가 부족한 회사'보다 '급여는 다소 낮아도 가족적인 분위기의 회사'를 선호하는 20대가

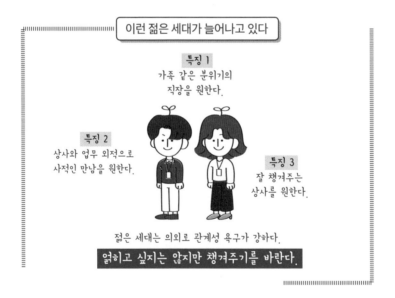

이런 젊은 세대가 늘어나고 있다

특징 1
가족 같은 분위기의
직장을 원한다.

특징 2
상사와 업무 외적으로
사적인 만남을 원한다.

특징 3
잘 챙겨주는
상사를 원한다.

젊은 세대는 의외로 관계성 욕구가 강하다.
얽히고 싶지는 않지만 챙겨주기를 바란다.

2003년에 35%, 2008년에 45%, 2013년에 48%였다. 가족적인 분위기의 직장을 원하는 젊은 세대가 증가하는 경향을 보였다.

상사와의 사적인 만남에 대해서는 '있는 편이 좋다'라고 대답한 20대는 2003년에 55%, 2008년에 65%, 2013년에 72%로 직장 상사와 업무 외적으로 사적인 만남을 원하는 젊은 세대도 증가하는 경향을 보였다.

그리고 또 한 가지, '규칙을 어기면서까지 무리하게 일을 시키지는 않지만 업무 외적으로 챙겨주지 않는 과장'보다 '가끔은 규칙을 어기며 무리하게 일을 시켜도 업무 외적으로 챙겨주는 과장'이 좋다고 대답한 20대가 2003년에 72%, 2008년에 76%, 2013년에 73%로 증가하며 압도적 다수가 후자인 인정 많은 상사를 선호했다. 게다가 **젊은 세대뿐만 아니라 모든 세대에서 인정 많은 상사를 선호하는 사람이 압도적으로 많았다.**

여기서 알 수 있듯이 요즘 젊은 세대들은 귀찮은 인간관계에 얽히고 싶지 않다는 마음이 강하면서도 다른 사람과 관계 맺기를 절대 꺼리지 않고, 오히려 **자신을 챙겨주길 바라는 마음은 매우 강한 듯하다.**

이런 생각은 칭찬만 받으며 자란 세대라는 점과 관계가 있다. 칭찬받으며 자랐고 칭찬받으면 의욕이 넘쳤다는 말은 다른 사람이 늘 긍정적인 기분을 만들어주어 의욕을 유지할 수 있었다는 것을 의미한다. 그들은 **주변 사람들이 신경 써주고 호의적인 눈빛을 보내줘야 마침내 의욕이 생긴다.**

그래서 이 점을 고려한 대응법이 필요하다.

인정 욕구가 채워지면 힘들어도 참을 수 있다

따라서 일을 잘하는 직원을 신뢰해서 일을 맡기는 경우에도 '안심하고 일을 맡길 수 있다', '든든하다'라는 취지의 말을 건네야 한다. 이로 인해 인정 욕구가 채워지면 소외감을 느끼지 않는다.

또한 앞에서 소개한 의식조사 데이터에서 '가끔은 규칙을 어기며 무리하게 일을 시켜도 업무 외적으로 챙겨주는 과장'이 압도적인 다수에게 지지를 받는 것으로 보아, 인정 욕구가 채워지면 약간 무리한 일도 각오를 다지고 열심히 한다는 사실을 알 수 있다.

따라서 필요한 지시임에도 마음이 통하지 않는 상사가 하는 말은 적극적으로 따르고 싶어 하지 않으니 정서적 소통('26_정서적 소통' 참고)에 신경 써야 한다.

오늘날에는 정보통신이 발달해 회사에서도 각자 조용히 컴퓨터만 쳐다보고 일할 뿐 대화를 거의 하지 않아 정서적으로 아주 살벌한 분위기인 곳이 많다.

소소한 대화 속에서 서로 마음을 나누던 시대와 달리 이런 직장환경에서는 기회를 잡아 확실하게 말로 전달하지 않으면 직원에게 상사의 생각이 전해지지 않는다.

특히 꼭 필요한 말만 하는 분위기에서는 손이 많이 가는 서툰 직원만 챙기게 되고 일 잘하는 직원의 관계성 욕구 충족은 뒷전으로 미루기 일쑤다. 이렇게 되면 조직에 큰 손실이다.

따라서 **직원의 관계성 욕구와 인정 욕구가 채워지도록 '늘 지켜보고 있다', '열심히 한다는 사실을 잘 알고 있다'라는 식으로 마음을 전하는 한마디를 잊지 말아야 한다.**

38 _ 확증편향

불편한 정보에서 눈을 돌리는 심리

Question

신문이나 텔레비전에서 보도하는 기업의 실패 사례를 보면 왜 그렇게 경솔한 판단을 하는 걸까, 실패할 게 불 보듯 뻔한데……라는 생각이 듭니다. 저라면 그런 일을 절대 하지 않을 것 같은데, 혹시 누구나 빠지기 쉬운 심리적 요인이 작용하는 걸까요?

기업 스캔들이나 기업이 사기 집단에 속아넘어갔다는 보도를 보면 누구나 왜 저렇게 어리석은 짓을 할까 하는 생각이 든다. 스캔들을 보면 그런 짓을 하고도 어떻게 들키지 않을 거라 생각했는지 의아하다는 사람이 많다. 또 사기에 걸려든 기업에 대해서는 왜 더 신중하게 판단하지 못했을까 생각하게 된다. 제3자의 눈으로 보면 이렇게 냉정하게 판단할 수 있는데, 당사자가 되면 어째서인지 그 냉정함이 사라지는 듯하다.

아차 하는 사이 안 좋은 일에 말려든 사람들도, 사기당해서 큰 손해를 입은 사람들도 설마 자신이 그런 어리석은 판단을 할 줄 꿈에도 몰랐을 것이다. 하지만 막상 닥치면 신중함이 사라져 어리석은 판단을 한다. 그런 사태에 빠지지 않으려면 이때 작용하는 심리를 잘 알아야 한다. 이런 심리에 빠져버리는 원리를 이해하면 잘못된 판단을 막을 확률이 훨씬 높아진다.

불편한 정보에 눈을 감는 심리

경영 전략상 매우 중요한 조건을 검토할 때 나중에 돌아보면 어떻게 이걸 몰랐을까 생각할 만큼 오판을 할 때가 있다.

예를 들면 현재는 사업을 확장할 만큼의 자금 여유가 없다는 사실을 보여주는 데이터가 손에 있는데도 이를 무시하고 대담하게 사업 확장을 실행했다가 곤란한 상황에 처한다. 또는 상담을 해온 상대에 대해 정보를 신중하게 모아보면 이상하다는 사실을 알아차렸을 텐데, 이를 게을리하다가 혼쭐이 난다. 생각보다 자주 일어나는 일이다.

여기서 우리에게는 편안한 정보 환경을 만들려는 심리 경향이 있다는 사실을 알아야 한다. 좀 더 자세히 말하면 자신을 위협하는 정보나 불편한 정보에는 눈을 감고, 자기에게 유리한 정보만 골라 취하려는 인지 경향이 있는 것이다.

이는 심리학자 레온 페스팅거Leon Festinger의 인지부조화 이론으로 증명되었다. 예를 들어 새 차를 살 때 T 사의 A 모델로 할지, N 사의 B 모델로 할지 끙끙대며 고민하다가 결국 A 모델로 결정했다. H 사의 C 모델은 처음에는 후보에 있었지만 도중에 후보에서 탈락했고 마지막에 A 모델과 B 모델로 좁혔다고 하자.

이런 상황에 놓인 사람들, 다시 말해 새 차를 산 지 한 달 이내인 사람들을 대상으로 자동차 광고 인지도 조사를 시행했다.

결과를 보면 새 차 구매자들은 자신에게 편안한 정보 환경을 만들려고 정보의 유입을 조절한다는 사실을 알 수 있었다.

각자 구독하는 잡지와 신문을 사전에 물어 최근 한 달분을 준비하고 거기에 나온 A, B, C 모델의 광고를 보여주고 '알아보았는지' 물었다. 그러자 마지막까지 구매를 망설였던 A와 B 모델의 광고는 잘 알아보았다. '역시 A를 사길 잘했어' 또는 'B를 살걸 그랬나' 하는 생각을 하며 금방 알아본 것이다. 반면 C 모델의 광고는 별로 신경 쓰지 않아서 그런지 대부분 그냥 지나쳤다.

그다음에 알아본 광고에 관해 '읽었는지' 물었다. 그러자 재미있는 경향을 보였다. 기억나는 A 모델의 광고는 알아본 경우 거의 다 읽었다고 답했다. 그리고 C 모델의 광고는 그다지 알아보지 못했지만, 알아본 경우는 어느 정도 읽었다. 그런데 B 모델의 광고는 잘 알아봤으면서도 별로 읽지 않았다고 답했다.

여기에는 **자기에게 유리한 정보는 적극적으로 받아들이지만 불리한 정보는 애써 피하려 하는 심리**가 반영되어 있다.

애당초 광고에는 좋은 점만 적혀 있다. 따라서 자기가 선택한 A 모델의 광고를 읽으면 읽을수록 자신의 선택이 맞았다고 생각하며 안심할 수 있다. 그러나 마지막까지 망설였지만 선택하지 않았던 B 모델의 광고를 읽으면 '이 차로 할걸 그랬나?' 하는 생각이 뇌리를 스치며 기분이 우울해진다. 그래서 A 모델의 광고는 적극적으로 읽고 B 모델의 광고는 애써 읽지 않으려고 한다.

우리는 무의식중에 이와 같은 취사선택을 한다.

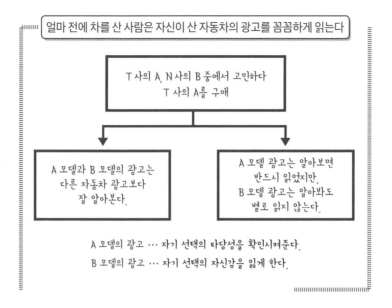

얼마 전에 차를 산 사람은 자신이 산 자동차의 광고를 꼼꼼하게 읽는다

T 사의 A, N 사의 B 중에서 고민하다
T 사의 A를 구매

A 모델과 B 모델의 광고는
다른 자동차 광고보다
잘 알아본다.

A 모델 광고는 알아보면
반드시 읽었지만,
B 모델 광고는 알아봐도
별로 읽지 않는다.

A 모델의 광고 … 자기 선택의 타당성을 확인시켜준다.
B 모델의 광고 … 자기 선택의 자신감을 잃게 한다.

확증편향을 의식하면 오판을 막는다

자기 생각을 뒷받침하는 증거가 되는 정보는 금방 알아차리지만, 모순되는 증거가 되는 정보는 못 본 척하는 버릇을 확증편향이라고 한다.

확증편향 탓에 무언가를 제안하고 싶을 때 그 제안이 위험하다는 사실을 알려주는 마케팅 데이터나 재무 데이터를 손에 들고 있으면서도 제대로 보지 않거나 그 존재 자체를 잊어버리기도 한다. 그렇게 자기에게 유리한 정보만 보기 때문에 위험을 무시하는 판단을 하게 된다. 그리고 때로는 이 판단이 치명적인 실수가 되기도 한다.

이와 같은 **오판을 막으려면 누구나 자기에게 유리한 정보만 보려하고 불리한 정보 앞에서는 눈을 감으려는 버릇이 있다는 사실을 항상 의식하고 조심해야 한다.** 이를 통해 자기인지의 왜곡을 깨닫고 다양한 정보로 눈을 돌릴 수 있다.

확증편향이란

자기 생각의 뒷받침 증거가 되는 정보는
금세 알아차리지만

모순의 증거가 되는 정보 앞에서는 눈을 감는 버릇!

39 _ PM 이론

목표 달성과 집단 유지의 균형

Question

프로젝트 팀을 이끌게 되어 상사와 선배의 지시를 따를 때와 달리 리더십을 발휘해야 하는 상황인데, 대학 때 동아리에서 뭘 맡아본 적도 없어서 자신이 없습니다. 리더십을 발휘하는 데 중요한 점이 무엇인지 알고 싶습니다.

지금까지는 상사나 선배의 지시만 따르면 됐는데, 갑자기 스스로 이끌어나가야 하는 상황이 되면 누구나 긴장하고 당황하기 마련이다. 이 긴장감을 좋은 방향으로 활용하기 위해서라도 리더십에 대해 제대로 알아야 한다.

지금까지 다양한 유형의 리더를 만났을 것이다. 듬직한 리더도 있었을 테고 의지할 수 없는 리더도 있었을 것이다. 능력 면에서 뛰어나다는 사실은 인정하지만 집단을 이끌 힘이 없는 리더도 있고, 영민하다고 할 정도는 아니지만 모두의 마음을 잘 휘어잡는 리더도 있다.

누구나 자신이 바라는 리더의 모습이 있겠지만, 그전에 리더에게 필요한 기본적인 역할을 생각해볼 필요가 있다.

비즈니스 심리학 영역에서 연구해온 리더십론을 참고하며 리더에게는 어떤 역할이 필요한지 살펴보자.

219

▮리더에게 필요한 두 가지 기본적인 역할

리더십에 관해 많은 심리학적 연구가 이루어지고 있는데, 그런 흐름 속에서 떠오른 것이 **리더십의 두 가지 기능**이다. **과제 수행(목표 달성)을 지향하는 기능과 집단 구성원 사이의 인간관계를 지향하는 기능**을 말한다. 그리고 이 두 기능을 통해 리더십을 설명하는 연구가 눈에 띄게 늘어나기 시작했다. 그중 미스미 주지三隅二不二가 제시한 PM 이론이 대표적이다.

PM 이론의 P는 Performance(성과)로, 집단에서 목표 달성과 과제 해결을 촉구하는 리더의 기능을 의미하며 목표 달성 기능이라고도 한다. M은 Maintenance(유지)로, 집단 유지와 통합을 촉구하는 리더의 기능을 의미하며 집단 유지 기능이라고도 한다.

리더에게 필요한 P기능과 M기능에는 구체적으로 어떤 행동이 있는지 정리한 표에서, 이미 리더로 일하는 사람은 각 항목을 보고 자신이 잘하고 있는지 점검하고, 앞으로 리더십을 발휘할 사람은 지금의 자신이라면 할 수 있는지 확인하면서 앞으로 어떻게 행동할지 각오를 다져보자.

▌자기에게 어울리는 리더십 스타일

이 두 가지 기능의 강약에 따라 목표 달성 기능과 집단 유지 기능 모두가 강한 리더십을 PM형, 목표 달성 기능만 강한 리더십을 Pm형, 집단 유지 기능만 강한 리더십을 pM형, 둘 다 약한 리더십을 pm형으로 분류하면 리더십 스타일을 네 가지 유형으로 나눌 수 있다.

미스미 연구팀은 여러 기업의 중간 관리자를 대상으로 리더십 스타일과 생산성의 관계를 조사했다. 그 결과 PM형 리더가 가장 필요하다는 사실을 증명했다.

이 연구 결과에서 알 수 있듯이 **이상적인 리더는 목표 달성 기능과 집단 유지 기능이 모두 강해야 하는데, 두 기능 모두를 발휘하는 리더는 그리 많지 않다.**

모두 리더라고 똑같이 칭하지만 성격적인 특징이나 특기는 사람마다 다르다. 집단을 힘차게 끌어가는 목표 달성 기능은 강하지만 사람의 마음을 헤아리지 못해 집단 유지 기능은 약한 유형도 있고, 그 반대 유형도 있다. 각자의 개성이 드러나기 마련이다.

그러니 자신의 성격과 능력의 강점과 약점을 고려해 학창 시절부터 지금까지 자신의 모습을 돌아보며 표에 있는 각 항목을 확인해보자. 이때 이미 잘하는 일, 앞으로 신경 쓰면 잘하게 될 일, 도저히 못 할 것 같은 일을 구분해보자.

이렇게 자신을 돌아보고 필요한 역할을 구체적으로 자각하면 리더십 능력이 눈에 띄게 좋아질 것이다.

목표 달성 기능(P 기능)을 보여주는 행동

1. 목표를 명확하게 정하고 직원이 목표를 끊임없이 인식하게 한다.
2. 목표 달성을 위한 계획을 세운다.
3. 부서 방침을 정하고 철저히 지킨다.
4. 목표 달성을 위한 방법을 구체적으로 정하고 직원이 충분히 이해할 수 있도록 한다.
5. 직원에게 역할을 나눠주고 각자의 역할 분담을 명확하게 정한다.
6. 직원에게 행동 개시와 역할 수행을 촉구한다.
7. 직원들이 하는 일의 진척 상황을 파악한다.
8. 목표 달성 과정에서 생긴 문제를 명확하게 지적하고 대처법을 조언한다.
9. 정보원과 조언자의 역할을 다하고 전문적 지식과 기능 습득을 독려한다.
10. 직원들의 성과를 정확하게 파악하고 공평하게 평가한다.

하지만 현실에서는 도저히 안 되는 일이 누구에게나 있기 마련이다. 그렇다고 나도 못하는 일이 있고 어쩔 수 없다며 정색하고 나설 수도 없다.

그래서 현실에서는 리더의 약한 부분을 중간 리더가 보충하며 목표 달성 기능과 집단 유지 기능을 분담할 수 있는 아이디어가 필요하다.

집단 유지 기능(M 기능)을 보여주는 행동

1. 쾌적하고 우호적인 분위기를 조성하고 유지하도록 배려한다.

2. 직원들끼리의 교류를 촉진한다.

3. 직원들의 상호 정보 교환을 촉진한다.

4. 소수도 발언 기회를 얻도록 배려한다.

5. 내부에서 다툼이 발생했을 때는 중재한다.

6. 집단의 조화를 깨는 직원에게는 적당한 처벌을 내린다.

7. 직원 한 명 한 명의 의견을 존중하고 자주성과 주인의식을 갖도록 한다.

8. 직원 한 명 한 명의 마음을 배려하고 불평불만에 귀를 기울인다.

9. 고민하고 망설이는 직원의 상담을 들어준다.

10. 부서 대표로서 필요할 때는 다른 부서 사람들과 협상을 한다.

40 _ 리더십의 라이프 사이클

성장하는 회사가 원하는 리더십

Question

창업 당시에는 리더십을 잘 발휘했다고 생각하는데, 요즘에는 조직의 단합이 잘 안 되고 불만의 목소리가 자주 들립니다. 경영자의 자질이 없는 건지 불안합니다. 조직을 잘 이끄는 요령을 배울 수 있을까요?

경영의 모든 책임을 지는 사람은 여러 가지 불안을 극복하며 나아가야 한다. 그 과정에서 리더의 자질에 대한 자신감이 흔들리기도 하지만 이는 누구나 겪는 일이다.

창업하고 처음에는 잘해 나갔지만 사업이 궤도에 오르고 안정되면 직원들의 불만이 많아지면서 직장 분위기가 싸늘해지는 일은 사실 흔하다.

창업 당시에는 이른바 위기 상황이기에 모두가 똘똘 뭉쳐 불만을 품거나 내부에서 싸울 여유가 없다. 하지만 사업이 궤도에 오르면 구성원들이 자신을 돌아볼 여유가 생기고 채워지지 않은 욕구가 겉으로 드러나게 된다.

그리고 창업에 성공한 사람은 모두를 이끌 힘이 있는 사람으로 여겨, 창업 초기에는 무조건 따라오지만 사업이 안정 궤도에 들어서면 직원들은 잠자코 따라가는 일에 만족하지 못하므로 리더십 스타일을 바꿔야 한다. 강제적 스타일을 고집하면 직원들의 불만이 쌓일 수밖에 없다.

▌리더십에도 라이프 사이클이 있다

인생에도 청년기, 성인 전기, 성인 중기(중년), 노년기라는 라이프 사이클이 있으며 각 단계에 맞춰 생활방식을 바꿔야 하듯이 리더십에도 라이프 사이클이 있어 각 단계에 적합한 리더십 스타일을 취해야 한다.

이 문제에는 심리학자 폴 허시Paul Hershey와 케네스 블랜차드Kenneth Blanchard가 제시한 리더십의 라이프 스타일 이론을 참고할 수 있다. 이 이론은 직원의 숙달 정도에 따라 효과적인 리더십 스타일이 다르다고 보며, 집단의 성숙도를 네 가지 단계로 나눠 각 단계에 적합한 리더십 스타일을 제시했다.

직원의 숙달 정도가 낮으면, 즉 **집단의 성숙도가 낮은 제1단계**S1**에서는 지시적 행동을 중심으로 한 지시적 리더십 스타일이 효과적**이다. 이 단계에서는 직원의 자주성에 맡기거나 판단을 존중해도 의욕이 오르기는커녕 혼란이 생길 가능성이 크다.

직원이 다소 숙달된 제2단계에서는 지시적 행동이 중심이지만 직원의 마음을 배려하는 설득적 리더십 스타일이 효과적이다. 아직 모두가 숙달된 상태는 아니기에 지시를 내릴 때는 자세하게 설명하되, 시키는 대로만 하면 된다는 강제적인 느낌이 들면 직원들의 의욕이 떨어질 수 있으니 왜 그렇게 해야 하는지 설명하고 설득하는 식으로 진행해야 한다.

집단이 더 성숙해진 제3단계에서는 직원의 업무 수행 능력을 높이

기 위해 지시적 행동을 줄이고 어느 정도 자주성을 주어 직원의 의욕 상승을 이끄는 참가형 리더십이 효과적이다. 이때는 직원들도 나름대로 업무에 숙달되었기 때문에 자주성을 존중하면 만족감이 생기고 의욕을 가지고 업무에 열중하게 된다.

마지막 제4단계에서는 집단이 충분히 돌아갈 만큼 성숙했기 때문에 직원의 자주성과 자율성을 존중하고 자유재량 부문이 많은 위양적 리더십 스타일이 효과적이다. 업무에 숙달된 직원들은 일을 맡기면 의욕과 자각이 높아지고 한층 더 뛰어난 능력을 발휘한다.

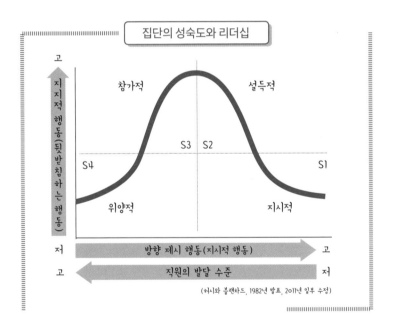

(허시와 블랜차드, 1982년 발표, 2011년 일부 수정)

█리더십을 바꾸는 유연성

리더십 라이프 사이클 이론은 **직원들의 능력 상태에 맞춰 리더십 스타일을 유연하게 바꿀 수 있는 리더가 집단을 성공으로 이끈다**고 본다.

집단의 성숙도가 낮을 때는 명확한 방향 제시와 지시를 중심으로 한, 즉 강한 목표달성 기능(P 기능)이 필요하다. 목표달성을 향해 자기 나름의 비전을 강하게 내세우고 다소 강제적이어도 힘껏 끌어주는 리더십이 효과적이다. 그렇지 않으면 집단 추진력이 생기지 않는다. 이 단계에서 직원들의 자주성을 존중하느라 명확하게 지시를 내리지 않으면 구성원의 역할이 모호해져 집단이 잘 돌아가지 않고 성공을 기대할 수 없다.

다만 이때 잘 돌아갔다고 해서 그 스타일을 계속 고집하면 그 이상은 나아가지 못한다. 사업이 어느 정도 궤도에 오르면 꽉 쥐고 있던 리더의 손을 조금 풀어 권한을 적당히 넘기고, 구성원에게 책임을 맡겨 자각과 자주성 촉구를 통해 의욕을 높여야 한다.

업무가 익숙해지면 구성원들도 자기 나름의 관점에 맞춰 움직이고 싶어진다. 늘 위에서 내려오는 지시에 따라 로봇처럼 움직이기만 하면 의욕이 생기지 않고 집단의 능력을 한데 모을 수 없다.

따라서 리더는 그 스타일을 유연하게 바꾸는 능력을 갖춰야 한다.

41 _ 변혁형 리더십

격동의 시대에 어울리는 스타일

Question

오늘날과 같이 기술 혁신에 따라 산업구조와 사람들의 라이프 스타일이 하루가 다르게 급변하는 시대에는 기존 리더십이 통하지 않는다고 들었습니다. 앞으로 닥칠 변화의 파도를 잘 헤쳐나가려면 어떤 리더십이 필요한가요?

요즘은 기술 혁신이 예측하기 힘들 만큼 빠른 속도로 진행되고, 이에 따라 우리의 생활도 정신없이 변화한다. 당연히 기업활동의 모습도 큰 변화를 맞았다.

이런 상황에서 조직을 이끌어야 하는 리더는 엄청난 각오로 매일 싸워야 한다. 기존 리더십은 통하지 않는다, 리더십에도 변혁이 필요하다는 소리를 들어 변해야 한다는 생각은 하지만 어찌해야 할지 막연하고 자신을 어떻게 바꾸면 될지 모르겠다는 생각에 빠진 사람이 많을 것이다.

격동의 시대에 어울리는 리더십의 참모습이란 무엇인지 생각해보자. 이런 리더십을 변혁형 리더십이라고 하며 비즈니스 심리학 영역에서 활발히 연구되고 있다.

▎업무 처리형 리더십에서 탈피

변화가 심해 한 치 앞을 내다볼 수 없는 시대에 들어서면서 변혁형 리더십의 필요성이 점점 커지고 있다.

산업구조가 안정된 시대라면 조직이 지향하는 방향이 분명하고 부서가 할 일도 명확하니 일상 업무를 막힘없이 능률적으로 처리하도록 촉구하는 업무 처리형 리더십이 효과적이다.

하지만 **끊임없는 기술 혁신으로 사람들의 라이프 스타일도, 산업구조도 놀랄 만큼 빨리 변해 조직이 지향하는 방향도 시시각각 변화하는 시대에는 업무 처리형 리더십으로 대응할 수 없다.** 직원에게 부여한 업무수행을 촉구하는 일뿐만 아니라 어떤 업무를 주어야 하는지도 끊임없이 재검토해야 하기 때문이다.

그래서 변혁형 리더십이 필요하다. 기존 리더는 직원들이 목표를 향해 나아가도록 뒷받침한 반면, 변혁형 리더는 목표를 어디로 설정할지 끊임없이 검토하고 최적의 목표를 달성할 수 있도록 유연하게 목표를 수정한다.

변혁형 리더십을 발휘하려면 다음 표에 정리한 관점이 필요하다.

리더만이 아니라 직원 한 사람 한 사람도 변혁적 관점을 갖지 않으면 앞으로 조직이 발전할 수 없다. 변화가 느리고 조직이 안정적으로 굴러가던 시대에는 조직 내 인간관계만 신경 쓰며 사내 처세술에 기대어 살던 인재도 나름 유용했지만, 끊임없는 변혁이 필요한 시대에도 그런 인재만 있다면 조직의 존속이 위태로워진다.

변혁형 리더십에 필요한 관점

1. 조직 내부만이 아니라 조직을 둘러싼 환경에도 눈을 돌린다.

2. 기술 혁신이 초래하는 라이프 스타일과 욕구의 변화에 관심을 가진다.

3. 조직 발전을 위해 지향해야 할 방향성에 관한 비전을 제시한다.

4. 습관에 얽매이지 않고 조직의 발전을 위해 필요한 변혁으로 눈을 돌린다.

5. 조직 내 인간관계도 중요하지만 넓게 보고 결정한다.

그래서 **변혁형 리더는 직원에게도 변화의 필요성을 깨닫게 하고 조직 밖으로 눈을 돌리도록 촉구한다.** 조직 안에서 출세하는 일만 생각하면 조직의 존재 자체가 위태로워진다는 사실을 실감해 위기의식을 가지고 일할 수 있게 돕는다. 이를 위해서는 자기 나름의 비전을 제시하며 직원들을 자극해야 한다. 또한 당연한 말이지만, **변혁형 리더는 조직 밖의 움직임에도 민감해야 한다.**

조직의 존속과 발전을 위해서는 습관에 얽매이지 않고 조직에 변혁을 일으켜야 한다. 이때 다양한 이해충돌이 발생하겠지만 이로 인해 발생하는 이런저런 일을 극복하고 앞으로 나가려면 확실한 비전을 내걸고 열정적으로 임해야 한다.

▌정열과 기백이 카리스마를 만든다

인간에게는 변화를 꺼리는 보수적 측면이 있어 조직을 변화시키려면 직원들의 마음을 크게 흔들어야 한다. 조직과 직원들의 장래를 위해 진심으로 조직의 변혁을 원하는 정열과 기백을 지니고 있지 않으면 어떤 말로도 직원들의 마음을 설레게 할 수 없다.

그런 의미에서라도 변혁형 리더십은 다른 모든 것을 압도하는 진정성이 필요하다.

심리학자 데이비드 버스David M. Buss는 **변혁형 리더십의 구성요소로 카리스마, 의욕 자극, 지적 자극, 개인에 대한 배려**를 꼽았다.

그중에서 특히 중요한 것이 카리스마다. 카리스마는 타고난 재능에 가깝기에 자기와 인연이 없고 어찌해볼 도리가 없다고 생각할

변혁형 리더십의 구성요소

1. 카리스마
   직원들이 공경하고 사랑할 만큼 사람을 끄는 힘을 가진다.

2. 의욕 자극
   직원의 의욕을 끌어낼 수 있다.

3. 지적 자극
   직원의 능력 개발을 촉구한다.

4. 개인에 대한 배려
   직원 각자의 목표와 마음을 배려하며 적절하게 지원한다.

수도 있다. 하지만 절대 특수한 재능이 아니다. 조직과 직원을 위해, 나아가 사회를 위해 사업을 이렇게 전개해야 한다라든가 이를 실행하려면 조직을 이런 방향으로 바꿔야 한다고 말해보자. 이렇게 정열과 기백을 가지고 비전을 말하는 모습에서는 카리스마가 느껴진다. 카리스마가 있으면 변혁형 리더십이 효과적으로 기능을 할 수 있다.

다만 변혁의 필요성만 주장할 때 생길 수 있는 폐해도 알아둬야 한다. 집단 유지만 생각하면 사회 변화에 대응할 수 없어 변혁형 리더십의 필요성이 부상했지만, 그렇다고 기존 리더십에 포함된 집단 유지 기능을 소홀히 하면 집단 기능이 제대로 작동하지 않는다. 이런 관점에서 심리학자 브루스 아볼리오Bruce J.Avolio는 통합적 리더십을 주장했다. 이는 집단을 하나로 모으는 리더십과 변혁형 리더십을 합친 것이다.

42 _ 피그말리온 효과

기대는 사람을 변화시킨다

Question

업무 처리 방식이 꼼꼼하지 못한 직원과 의욕이 전혀 없는 직원을 보면 저도 모르게 설교를 하고 싶어지지만, 그러면 역효과가 난다는 말을 많이 들었습니다. 의욕이 전혀 없는 직원에게 어떻게 하면 조금이라도 일하고 싶은 마음을 심어줄 수 있을까요?

의욕이 없는 직원은 어느 직장에나 있다. 하지만 회사 경영자나 관리자라면 그런 직원을 그대로 내버려둘 수 없다. 설교를 늘어놓고 "기운 좀 내!"라고 말한다고 '좋아, 힘내자'라며 의욕을 보일 사람이라면 이런 말을 듣기 전에 의욕을 보였을 것이다.

의욕이 전혀 없는 사람에게는 설교도 효과가 없다. 그런 사람은 분명 공부에서도, 학교 동아리 활동에서도 두드러진 성과를 내지 못해 주변에서 '능력 없는 사람', '노력하지 않는 사람'이라는 소리를 들었을 것이다. 그러다 보니 스스로도 '어차피 난 못해'라며 의욕을 보이지 않는지 모른다.

여기서 기대의 효과를 시험해보자. 인간에게는 상대의 기대에 부응하고자 하는 심리가 잠재해 있다.

▌기대의 효과

기대의 효과는 피그말리온 효과라고 하며, 심리학계에 널리 알려져 있다. 비즈니스 자리에서도 상사나 주변 사람의 기대가 불러오는 효과는 매우 크다.

피그말리온 효과는 상대가 기대하는 방향으로 변해간다는 의미다. 심리학자 로버트 로젠탈Robert Rosenthal이 초등학교에서 시행한 실험에서 선생님들에게 '이 학생들은 지능이 높아 앞으로 계속 성장할 것'이라 믿게 하자, 실제로 선생님의 기대 어린 시선을 느낀 학생들의 성적이 다른 학생들보다 올랐다. 이 현상을 피그말리온 효과라고 이름 붙인 것이 시초였다.

지능이 높은 학생들의 성적이 오르는 일은 당연하지 않느냐고 생각할지도 모르지만, 지능 테스트와 상관없이 추첨을 통해 무작위로 선발된 학생들이었다. 그런데도 지능이 높은 학생들이라고 믿은 선생님들의 기대 덕분에 정말로 성적이 올랐다. 이 결과에서 알 수 있듯이 성장을 바란다면 우선 기대를 거는 일이 중요하다.

이 피그말리온 효과를 기업의 의욕 관리motivation management에 응용하려는 움직임도 나타나기 시작했다.

한 기업에서 이에 관한 실험을 했는데, 실적이 우수한 영업사원 집단과 평균 실적의 영업사원 집단을 각각 다른 상사 밑에서 일하게 했다. 이때 후자의 상사는 자신이 맡은 집단 구성원에게 실적이 우수한 집단보다 더 뛰어난 잠재능력을 갖췄으니 열심히 해보자고

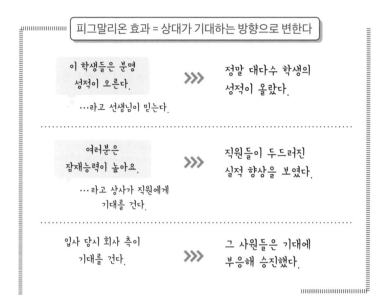

피그말리온 효과 = 상대가 기대하는 방향으로 변한다

이 학생들은 분명
성적이 오른다.
…라고 선생님이 믿는다.
>>>
정말 대다수 학생의
성적이 올랐다.

여러분은
잠재능력이 높아요.
…라고 상사가 직원에게
기대를 건다.
>>>
직원들이 두드러진
실적 향상을 보였다.

입사 당시 회사 측이
기대를 건다.
>>>
그 사원들은 기대에
부응해 승진했다.

독려했다. 그러자 평균이었던 영업사원들이 두드러지는 실적 향상을 보였다.

또 다른 기업에서 실시한 실험에서는 입사 첫해에 회사에서 촉망받는 직원이었는지와 5년 뒤 승진의 연관성을 조사했다. 그 결과 둘 사이에 깊은 연관이 있다는 사실이 밝혀졌다. 다시 말해 처음부터 회사에서 큰 기대를 받은 사람은 그 후 승진도 빨랐다.

이런 실험 결과를 종합해봤을 때 **직원들이 열심히 하기를 원한다면 기대감을 표현해야 한다**는 사실을 알 수 있다.

▍부정적인 기대를 표현하지 않도록 주의한다

기대에는 긍정적인 기대와 부정적인 기대가 있다는 사실을 명심하자.

학창 시절 "어차피 저는 머리가 나빠요. 선생님도 제가 머리가 나쁘다고 생각하시잖아요"라는 식으로 말하는 친구를 본 적 있지 않은가? 또는 선생님에게 항상 "또 너야. 정말 못 말리는 녀석이구나"라며 혼나던 학생이 "어차피 나는 안 돼. 그래서 뭐 어쩌라고. 계속 막 살 거야"라는 식으로 말하는 모습도 봤을 것이다.

이런 상황을 부정적인 기대에 부응한 사례라고 볼 수 있다. 즉 주변에서 열등생 취급을 받는 학생은 그들의 부정적인 기대에 부응이

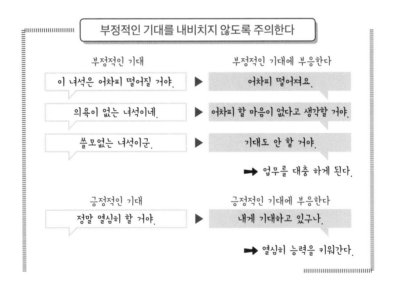

부정적인 기대를 내비치지 않도록 주의한다

부정적인 기대	부정적인 기대에 부응한다
이 녀석은 어차피 떨어질 거야.	▶ 어차피 떨어져요.
의욕이 없는 녀석이네.	▶ 어차피 할 마음이 없다고 생각할 거야.
쓸모없는 녀석이군.	▶ 기대도 안 할 거야.
	➡ 업무를 대충 하게 된다.

긍정적인 기대	긍정적인 기대에 부응한다
정말 열심히 할 거야.	▶ 내게 기대하고 있구나.
	➡ 열심히 능력을 키워간다.

라도 하듯 공부를 멀리하고 성적은 계속 바닥을 친다. 또 주변에서 문제아 취급을 받는 학생 역시 그들의 부정적 기대에 부응이라도 하듯 선생님에게 혼날 행동을 계속한다. 그들의 마음속에 그런 심리가 작용하는 것이다.

따라서 **의욕이 없어 보이는 직원에게는 부정적인 기대를 내비치지 않도록 주의해야 한다.** '어차피 할 마음이 없다고 생각하겠지'라고 느끼면 점점 더 의욕을 잃는다.

대신 긍정적인 기대를 해야 한다. 피그말리온 효과 실험에서도 선생님이 '이 학생은 분명 성적이 오른다'라고 생각하면 일상에서 하는 잠깐의 대화를 통해서도 그런 기대가 학생에게 전해져 의욕이 상승하는 원리가 증명되었다. 직장에서도 '이 직원은 분명히 의욕을 가지고 열심히 할 것이다'라는 기대를 품으면 그런 생각이 말 한마디 한마디에, 또는 표정이나 태도에 나타나 직원도 기대를 피부로 느끼고 의욕을 불태우게 된다.

타인에게 영향받지 않고 자기 자신을 중심으로 살아가는 서양 사람들과 달리 사람과의 관계를 중시하는 동양인은 상대의 기대를 배신하지 않으려는 의식이 강하다. 따라서 기대의 효과는 동양인에게 특히 효과가 좋다.

Marketing

chapter 5

마케팅의 심리학

어떻게 하면
매출을 올릴 수 있을까?

43 _ 심리적 지갑, 심적 회계

알뜰한 사람도 때로는 과소비를 하는 이유

Question

여행을 가면 평소에 알뜰하던 사람도 과소비를 할 때가 있습니다. 직장 회식비로는 3만 원도 아까워던 구두쇠가 취미나 자기 계발을 위해서는 10만 원도 아까워하지 않는 소비자의 심리를 어떻게 이해해야 좋을까요?

여행을 가면 자기도 모르게 지갑을 쉽게 열었던 경험이 누구나 있을 것이다. 평소에는 2만 원짜리 밥도 비싸다며 만 원 이하가 아니면 먹지 않던 사람이 여행을 가면 3만 원짜리 식사를 태연하게 주문하기도 한다.

생일이나 기념일에도 평소에는 거의 사치를 하지 않는 사람이 호화로운 식사를 하기도 한다.

또는 회사 사람들과 한잔할 때는 3만 원도 아까워하던 사람이 혼자서 스테이크를 먹으러 갈 때는 비싼 매장에 자연스럽게 들어가기도 한다.

이처럼 같은 사람이라도 상황에 따라 소비 방식이 달라지는 예는 드물지 않다.

그리고 사람에 따라 소비 방식에도 버릇이 있다. 예를 들면 점심시간에 모두가 음식점에 갈 때 자기만 돈을 아껴야 한다며 편의점 도시락으로 때우는 사람이 마음에 드는 옷을 살 때는 망설임 없이 월급을 쏟아붓기도 한다.

이런 소비 행동 속에 숨어 있는 원리를 이해하려면 우선 심리적 지갑과 심적 회계라는 개념을 알아야 한다.

심리적 지갑

앞에서 언급한 소비자 심리를 이해하기 위해 심리학자 고지마 소토히로小嶋外弘는 심리적 지갑이라는 개념을 제시했다. 그는 우리가 가진 물리적 지갑은 하나지만 마음속에 여러 개의 지갑이 있다고 보고 이를 심리적 지갑이라 칭했다.

어떤 심리적 지갑에서 돈을 내는가에 따라 같은 금액을 지출해도 비싸다고 '아까워할' 때도 있고, 이해하고 '만족할' 때도 있다.

예를 들어 데이트할 때는 식사비로 10만 원이 들어도 만족하지만, 직장 사람들과 식사할 때는 5만 원만 나와도 아까워한다. 처음에 들었던 사례처럼 여행을 가서는 3만 원짜리 밥을 먹어도 이해하고 만족하는데 평소에는 1만 원 이상 나오면 너무 비싸다고 아까워한다.

이렇게 **상황에 따라 사용하는 심리적 지갑이 달라서 같은 금액에 만족하기도 하고, 아까워하기도 한다.**

같은 일상 생활비라도 외식비로 나가는 2만 원은 아깝다고 느껴도 문화, 취미 생활을 위해 지출하는 3만 원은 이해하고 만족한다. 외식도 몇 가지로 나눌 수 있는데, 카페용 지갑에서는 8천 원을 내면 아깝다고 생각하지만 저녁 식사용 지갑이라면 1만 원까지는 허용범위에 들어간다. 이렇게 상황에 따라, 상품이나 서비스에 따라 아깝다고 느끼는 금액이 다르다. 이는 지출하는 심리적 지갑이 다

데이트용 지갑에서는
식사비로 10만 원을 써도   하지만   **직장 동료용 지갑에서
아깝지 않다.   나가는 식사비 5만 원은
                                            아깝다.**

여행용 지갑에서는
식사비 3만 원을 써도   하지만   **일상 외식용 지갑에서
아깝지 않다.   나가는 1만 원은 아깝다.**

르기 때문이다.

또한 사람별로 가진 심리적 지갑의 종류와 지출 가능 금액이 다르다.

돈이 없다며 점심값을 아끼면서 자기 계발을 위한 책이나 세미나에는 아낌없이 지출하는 사람도 있다. 옷에는 매월 상당한 금액을 쓰면서도 가끔 가는 여행에서 숙박비는 아끼는 사람도 있다. 또 좋아하는 연예인 콘서트에는 10만 원도 아무렇지 않게 쓰면서 회식에서는 5만 원 이상을 절대 낼 수 없다며 불평하는 사람도 있다.

이런 경향은 사람마다 다르기에 세분화segmentation(세그멘테이션)해서 **부분별로 어떤 심리적 지갑을 사용하는지, 지갑별로 얼마까지 지출해야 아까워하지 않는지 파악하는 일**이 마케팅에서는 매우 중요하다.

심적 회계

심리적 지갑과 비슷한 개념으로 심리학자 아모스 트버스키Amos
Tversky와 대니얼 카너먼Daniel Kahneman이 제시한 심적 회계가 있다.
마음속 회계 시스템이라는 의미다.

그들은 두 가지 조건을 설정해 영화표를 구매하는 사람의 비율을
비교했다. 조사 대상인 383명 중 200명을 조건 1로, 183명을 조건
2로 구분했다. 결과는 조건 2에서는 88%가 영화표를 산다고 대답
했지만, 조건 1에서는 46%만 영화표를 산다고 했다. 거의 두 배 가
까이 차이가 났다.

그들은 이 차이를 심적 회계를 적용해 설명했다.

조건 1은 한 번 구매한 영화표를 분실하여 다시 구매하게 된다.
이때는 영화표 구매용 심리적 계좌에서 다시 한번 영화표 값을 지
출해야 한다. **같은 심리적 계좌에서 영화표를 두 번이나 사면 아까운
마음이 들어 영화표 구매에 심리적 거부감이 생긴다.**

반면 조건 2는 영화표를 사려했던 현금을 분실하더라도 현금과
영화표 구매를 위한 금액이 다른 심리적 계좌에 들어 있어 이중 구
매로 아까워하는 마음이 생기지 않아 영화표 구매에 대한 심리적
거부감이 생기지 않는다.

이렇게 심리적 지갑 또는 심적 회계라는 개념을 이해하면 소비자
가 일반적으로 어떤 상황에서 어떤 지출을 하는가라는 일반적 소비
경향을 알 수 있다. 또한 소비자별로 지출 경향이 다르다는 점에 근

조건 1 영화표 분실 조건

영화표를 10달러에 샀지만
영화관에 들어가기 직전에 영화표를 잃어버린 사실을 알았다.
영화표를 다시 살 것인가?

다시 산다고 답한 사람 …… **46%**

조건 2 현금 분실 조건

영화를 보려고 영화관에 가서 10달러짜리 영화표를 사려는 순간
현금 10달러를 잃어버린 사실을 알았다. 영화표를 살 것인가?

산다고 대답한 사람 …… **88%**

거해 몇 가지 집단으로 구분해서 유형별로 어떤 소비 경향을 보이
는지도 알 수 있다. 이런 소비 경향은 마케팅 전략을 세울 때 큰 도
움이 된다.

44 _ 다속성 태도 모델

개인적 취향 차이를 조율하는 방법

Question

집을 빌릴 때 무조건 월세가 저렴해야 한다고 고집부리는 사람이 있는 가 하면 방의 넓이와 방 배치, 건축 연수가 중요하다고 주장하는 사람도 있고, 역까지 거리가 제일 중요하다고 말하는 사람도 있습니다. 이런 개인적 취향 차이를 잘 조율해서 적절한 집을 권하는 방법은 없을까요?

만족할 만한 상품과 서비스를 제공하려면 소비자가 무엇을 원하는지 알아야 한다.

물질적으로 빈곤했던 시대에는 일상생활에 필요한 물건이나 편리한 물건을 만들면 가만히 있어도 팔렸고, 성능이 좋은 물건을 만들면 무조건 팔렸기 때문에 제조 기술 향상이 최대 관심사였다.

하지만 지금은 좋은 물건을 만들기만 하면 팔리던 시대가 아니라 수요를 발굴해야 하는 시대다. 그래서 마케팅이 중요하다.

마케팅도 물질적 풍요로움이 실현되기 전까지는 생활의 편의성 향상을 중심으로 생각했다. 하지만 물질적으로 풍요롭고 사람들이 어느 정도 편리하고 쾌적한 생활을 할 수 있게 되면 마케팅 방식도 달라질 수밖에 없다. 이런 흐름 속에서 소비자 행동을 규정하는 심리적 요인에 관한 연구가 각광받기 시작했다.

그중 하나가 구매 동기 연구다.

▎욕구의 변화와 구매 동기

사람들이 어떤 욕구를 채우기 위해 특정한 상품을 구매하는가, 어떤 점을 고집하며 구매하는가, 또는 구매하지 않는가를 찾는 것이 구매 동기 연구다.

구매 동기를 찾을 때 자주 인용되는 이론이 심리학자 에이브러햄 매슬로Abraham Maslow가 제시한 욕구 단계론이다. 매슬로는 인간의 기본적 욕구를 네 가지로 설정하고 여기에 단계 구조를 적용해 아래 단계일수록 기본적인 욕구이며 우선으로 채워야 하고, 아래 단계의 욕구가 어느 정도 채워지면 그 위 단계의 욕구가 고개를 들기 시작한다고 했다. 그리고 네 가지 기본적 욕구가 어느 정도 채워지면 자기실현 욕구가 꿈틀대기 시작한다고 했다.

예를 들면 의식주가 안정적이라는 의미는 생리적 욕구와 안전 욕구에 해당하는데, 이 욕구가 어느 정도 채워지면 그 위 단계로 옮겨 간다. 옷을 고를 때도 동료 집단에 잘 녹아들 수 있는지를 생각하고(소속 욕구), '멋있다', '예쁘다'라는 평가를 받고 싶다는 생각을 하면서(인정 욕구) 고르는 경향이 강해진다. 동료와 같은 브랜드의 옷을 입는 이유는 소속 욕구 때문이고, 고급 브랜드 옷을 입는 이유는 인정 욕구 때문이다. 이런 욕구가 어느 정도 채워지면 자기실현 욕구가 고개를 들기 시작하고 '자신만의 매력'과 '개성'을 무기로 내세운 메시지에 쉽게 반응한다.

매슬로의 욕구 단계

자기실현 욕구
인정과 자존의 욕구
사랑과 소속의 욕구
안전 욕구
생리적 욕구

자기실현 욕구

자기가 잠재적으로 가지고 있는 능력을 실현하려는 욕구,
즉 현재의 자신보다 성장하고 싶은 욕구를 의미한다.

인정과 자존의 욕구

타인에게 인정받고 좋은 평가를 받고 싶어 하는 욕구,
자존심을 지키고 싶어 하는 욕구를 의미한다.

사랑과 소속의 욕구

새로운 친구나 애인, 배우자를 원하거나 집단에 소속되고 싶어 하는
욕구를 의미한다.

안전 욕구

자신의 안전과 생활의 안정을 원하는 욕구를 의미하는데, 공포와 불안을
피하려는 욕구, 질서를 지켜 혼란을 막으려는 욕구 등도 포함된다.

생리적 욕구

배고픔을 피하려는 식욕, 갈증을 달래고 싶어 하는 수분 보충 욕구,
피로 회복을 원하는 휴식과 수면 욕구 등 주로 생명을 유지하기 위해
필수 불가결한 욕구를 의미하는데, 성욕과 자극 욕구, 활동 욕구 등도
포함된다.

소비자의 구매 의사결정 모델

심리학자 마틴 피슈바인Martin Fishbein은 어떤 대상을 선택하는 태도를 여러 속성의 중요도와 각 대상(예를 들면 집)이 각 속성(예를 들면 넓이와 방 배치, 월세 등의 조건)의 가치를 어느 정도 만족하는지를 보여주는 신념의 함수로 나타낸 다속성 태도 모델을 제시했다.

다속성 태도 모델에 따르면 소비자의 의사결정은 '각 속성의 평가×신념'의 합계 점수를 계산한 결과를 바탕으로 이루어진다. 각 속성의 평가란 이해하기 쉽게 바꾸면 각 조건을 어느 정도 중시하는가를 말하고, 신념은 각 선택지가 각 조건을 어느 정도 만족한다고 생각하는지를 말한다.

예를 들어 임대주택을 구할 때 넓이와 방 배치, 월세, 가까운 역까지 거리, 지역 분위기, 쇼핑의 편의성을 고려한다고 하자. 그리고 넓이와 방 배치는 '3', 월세는 '3', 가까운 역까지의 거리는 '2', 지역 분위기는 '2' 쇼핑의 편의성은 '1', 이런 식으로 각자 머릿속으로 중요도를 매긴다.

이 네 가지 속성(조건)에 관한 A, B, C 세 집의 평가를 다음 표에 정리했다.

A는 넓이와 방 배치 평가가 '5'로 아주 높았고 월세 평가는 '1'로 매우 낮았다. 넓은 만큼 월세가 비쌌다.

B는 월세 평가는 '4'로 비교적 높은 평가를 받았지만 다른 조건들의 평가가 '3'이었다.

	넓이·방 배치	월세	역까지 거리	지역 분위기	쇼핑 편의성	총점
중요도	3	3	2	2	1	
A	5	1	3	4	4	36
B	3	4	3	2	3	34
C	4	3	4	3	4	39

$$A = 3 \times 5 + 3 \times 1 + 2 \times 3 + 2 \times 4 + 1 \times 4 = 36$$
$$B = 3 \times 3 + 3 \times 4 + 2 \times 3 + 2 \times 2 + 1 \times 3 = 34$$
$$C = 3 \times 4 + 3 \times 3 + 2 \times 4 + 2 \times 3 + 1 \times 4 = 39$$

C는 넓이와 방 배치, 역까지 거리, 쇼핑의 편의성이라는 세 가지 조건의 평가는 '4'로 높았고 나머지 두 조건의 평가는 '3'으로 적당했다.

지금까지는 집이 가진 객관적 조건을 평가했다. 하지만 객관적 조건만으로 집을 선택하지는 않는다. 넓이를 특히 중요하게 생각하는 사람이 있으면, 월세를 특히 중요하게 생각하는 사람도 있다. 무엇보다 역과 가까워야 한다고 말하는 사람도 있고, 지역 분위기가 제일 중요하다고 말하는 사람도 있다. 또한 쇼핑 편의성을 고집하는 사람도 있고 그런 조건 따위는 아무래도 좋다고 말하는 사람도 있다.

그래서 표 가장 윗줄에 있는 중요도가 의미 있다. 표에 나타낸 사례에서는 집을 찾는 사람이 넓이와 방 배치, 월세를 중요하게 생각하고 그 밖의 조건은 별로 중요하게 여기지 않으며 쇼핑 편의성은 신경 쓰지 않는다는 사실을 알 수 있다. 총점수는 중요도와 평가를 조건별로 곱하고 이 값들을 더한 수치다. 결과적으로 이 사람에게 가장 적합한 집은 C다.

45 _ 현재 지향 편향

빨리 받고 싶어 하는 사람의 심리

Question

성격이 급한 고객이 비싸도 괜찮으니 빨리 받고 싶다고 말할 때가 있습니다. 심지어 그다지 급하게 필요한 사정이 있는 것도 아닌데 말입니다. 급하지 않으면 조금 기다리더라도 저렴하게 사는 편이 좋다고 생각하는데, 이런 고객의 마음속에는 어떤 심리가 작용하는 걸까요?

조금만 기다리게 하면 바로 화를 내는 사람이 있다는 이야기를 장사하는 사람들에게 자주 듣는다.

성격이 급한 사람은 어디 가나 있기 마련이다. 레스토랑이나 술집에서도, "주문한 지 한참 됐는데 왜 안 나오죠? 주문 들어갔나요?"라며 재촉하는 손님을 가끔 본다. 주변 상황을 보면 자기보다 먼저 온 사람도 아직 음식이 나오지 않았다는 걸 알 수 있을 텐데, 그런 여유도 없이 짜증만 낸다.

하지만 "비싸도 괜찮으니까 빨리 줘요"라며 재촉하는 손님, 특히 급하게 필요한 사정도 없어 보이는데 기다리기를 싫어하는 손님은 단순히 성격이 급해서 그러는 것이 아니라 다른 심리가 작용하기 때문이다.

이것은 미래의 만족보다 지금의 만족을 원하는 심리다. 그리고 이런 심리가 소비자의 구매 행동과 관련이 있다면 마케팅 관점에서도 무시할 수 없다.

'오늘 하루쯤은 괜찮겠지'

유혹에 약한 자신, 참지 못하는 자신에게 실망한 경험은 누구나 있다.
건강검진을 하고 나서 다이어트 필요성을 실감하고 단 음식을 멀리해야겠다고 생각하지만, 원래 단 음식을 너무 좋아하다 보니 맛있는 케이크나 과자를 보면 무심코 사버린다. 카페 메뉴에 맛있어 보이는 파르페나 조각 케이크가 있으면 참지 못하고 주문한다. '오늘 하루쯤은 괜찮겠지' 하며 결국 단 음식을 먹는다. 그리고 집에 돌아가서 마음을 가라앉히고 생각하면 '나는 왜 이렇게 의지가 약할까' 하며 자기혐오에 빠진다. 이런 상태에서 벗어나지 못하는 사람이 적지 않다.

단 음식으로는 와닿지 않는다는 사람도 이런 경험은 있을 것이다. 업무 능력을 높이지 않으면 앞으로 힘들어질 테니 퇴근 후에 자기 계발을 위한 공부를 하기로 마음먹고 전문 서적을 잔뜩 사왔다. 당시에는 의욕이 넘쳤지만 항상 일을 마치고 돌아오면 녹초가 돼 '오늘 하루쯤은 괜찮겠지' 하는 생각에 텔레비전을 보며 뒹굴뒹굴하거나 SNS로 친구들과 채팅을 한다. 그러다 보면 잘 시간이 되고 결국 아무것도 하지 못한다. 이런 일이 매일 반복되고, 결국 후회하며 자책하게 된다. 짚이는 일이 있지 않은가?

이런 사람은 학창 시절에도 같은 패턴을 경험했을 것이다. 지금부터 열심히 공부하지 않으면 분명 시험 결과가 나쁠 테니 시험공부 계획표를 세우지만, 어느새 태만해져 '뭐, 오늘 하루쯤은 괜찮겠

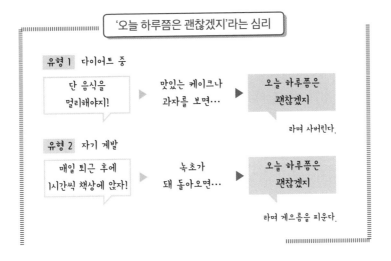

'오늘 하루쯤은 괜찮겠지'라는 심리

유형 1 다이어트 중

단 음식을
멀리해야지! ▶ 맛있는 케이크나
과자를 보면... ▶ 오늘 하루쯤은
괜찮겠지

라며 사버린다.

유형 2 자기 계발

매일 퇴근 후에
1시간씩 책상에 앉자! ▶ 녹초가
돼 돌아오면... ▶ 오늘 하루쯤은
괜찮겠지

라며 게으름을 피운다.

지' 하며 빈둥거리고, 친구가 권하면 '기분전환이 필요하다'며 함께 놀러 나간다. 가끔 정신 차리고 '이러면 안 되는데. 공부해야 하는데'라고 생각하지만, 매번 유혹에 넘어가 결국 시험에서 참담한 결과를 받는다. 이렇게까지 극단적이지는 않더라도 비슷한 경험을 한 사람이 많을 것이다.

'오늘 하루쯤은 괜찮겠지'라는 마음에는 미래의 만족보다 지금의 만족을 원하는 심리가 작용하는 것이다.

▌'현재 지향 편향' – 인지의 왜곡

이처럼 다이어트를 계획하거나 자기 계발을 위한 공부 계획을 세워도 눈앞의 유혹을 이겨내지 못하고 실패하는 일이 자주 일어나는 배경에는 현재 지향 편향 심리가 숨어 있다.

현재 지향 편향이란 미래의 가치보다 '지금, 이 순간'의 가치를 중시하는 심리 경향을 의미한다. 힘들어도 '지금, 이 순간'에 노력하지 않으면 나중에 매우 곤란해진다(성인병에 걸릴지도 모르고, 일을 못 할 수도 있다)는 사실을 머리로는 알지만, 무의식중에 '지금, 이 순간'의 편안함, 안락함을 따라간다. 미래의 기쁨보다는 현재의 기쁨을 추구하고 미래의 고통보다는 현재의 고통을 피하려 한다. 우리에게는 이런 심리 경향이 있다.

다이어트 계획과 자기 계발을 위한 공부 계획이 무산되기 일쑤인 이유도 현재 지향 편향 심리 때문이다. 욕구를 지금 바로 충족시키고 싶다는 충동 때문에 장기적 관점에서 행동하는 냉정함을 잃어버린다.

생각 없이 돈을 쓰다가 돈이 떨어진 다음에야 깨닫고 후회하는 일을 반복하는 사람도 있다. 그런 사람은 '지금, 이 순간'의 욕구 충족을 위해 미래의 욕구 충족을 희생하는 것이나 마찬가지다.

▌현재 지향 편향을 활용한 마케팅

이 심리를 이용하면 다양한 마케팅 전략을 전개할 수 있다.

예를 들어 '지금 바로 손에 넣을 수 있다'는 점에 가치를 느끼는 사람이 많다고 가정한다면 시간이 걸리는 것보다는 질이 다소 떨어지더라도 바로 손에 넣을 수 있는 상품과 서비스를 선호한다고 예상할 수 있다. **'바로 도착', '단시간에 해결'이라고 하면 조금 비싸더라도 의뢰하고 싶을 때가 있다.**

또는 미래의 고통보다 '지금, 이 순간'의 고통을 피하려다가 다이어트나 자기 계발 계획을 망쳐버리는 사람도 많다. **'지금, 이 순간'에 느끼는 고통을 이겨낼 수 있도록 도와주는 사람이 있다면 현재 지향 편향을 극복하고 미래의 충족을 손에 넣을 수 있다.** 이런 도움에는 돈을 낼 가치가 충분하다.

실제로 이런 현재 지향 편향을 극복하기 위한 도움을 제공하는 사업도 등장했다.

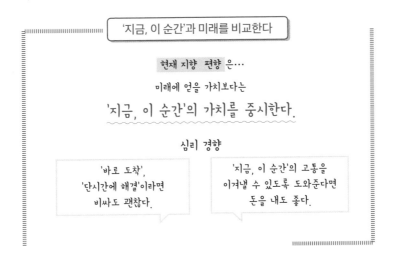

'지금, 이 순간'과 미래를 비교한다

현재 지향 편향 은…

미래에 얻을 가치보다는

'지금, 이 순간'의 가치를 중시한다.

심리 경향

'바로 도착', '단시간에 해결'이라면 비싸도 괜찮다.

'지금, 이 순간'의 고통을 이겨낼 수 있도록 도와준다면 돈을 내도 좋다.

46 _ 손실 회피

이득보다는 손실이 신경 쓰인다

Question

가격을 인하하면 일시적으로는 매출을 올릴 수 있지만 원래 가격으로 다시 올리기 어려워 종합적으로 보면 가격 인하로 매출 증대를 노리는 방법이 반드시 좋다고는 할 수 없다는데, 여기에는 소비자의 어떤 심리 가 작용하는 건가요?

가격 인하는 소비자에게 굉장히 매력적이다. 30% 할인이나 반값 할인에 들어가면 손님이 몰려들곤 하는데, 이런 현상이 가격 인하의 절대적 매력 을 상징한다고 볼 수 있다.

하지만 할인의 효과를 높게 평가하는 매장 주인이 있는가 하면 이러다가 평소 매출이 뚝 떨어지지 않을까 불안하다고 말하는 매장 주인도 있다.

식료품은 재고가 많이 남으면 곤란하다 보니 폐점 시간이 가까워오면 20%, 30%, 반값, 이렇게 점점 가격을 내리는 매장이 있다. 이런 방법을 쓰 면 확실히 재고를 줄이거나 다 팔 수 있다. 하지만 이런 일이 매일 반복되면 어차피 폐점 시간 직전에 싸게 살 수 있으니 그전 시간대에는 구매를 미루 는 손님이 나타난다. 그래서 많은 매장 주인이 고민에 빠진다.

소비자는 누구나 이득을 보고 싶어 하며 손해 볼 일은 필사적으로 피한다. 이런 심리를 마케팅과 연결 지어 어떻게 이해하면 좋을지 생각해보자.

▌사람은 누구나 손실을 피하려 한다

정신의학자 로버트 클로닝거Robert Cloninger는 **사람의 기본적 기질 중 하나로 손실 회피를 꼽았다. 손실 회피는 조심성이 많고 위험을 싫어하는 성질**을 말하며 행동을 억제하는 방향으로 작용하는데, 우리 마음속에는 이런 손실 회피 심리가 강하게 작용한다.

잘만 되면 두 배, 아니 세 배가 될 가능성이 있는 대신 반으로 줄어들 가능성도 있다는, 원금을 보장하지 않는 금융 상품을 추천받았을 때, 원금이 두 배나 세 배가 되는 점은 매력적이지만 애써 모은 돈이 절반으로 줄어들 위험을 생각하면 좀처럼 쉽게 뛰어들 수 없다.

이때 작용하는 심리가 손실 회피다.

상품이 마음에 들지만 구매한 뒤 기대했던 효과를 보지 못하면 어쩌지 걱정돼 망설이는 일도 많다. 이때도 손실 회피 심리가 작용한다.

하지만 30일간 체험 기간이 있고 그 기간 안에 반품하면 대금을

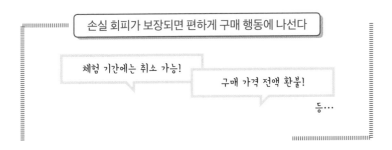

손실 회피가 보장되면 편하게 구매 행동에 나선다

체험 기간에는 취소 가능!

구매 가격 전액 환불!

등…

모두 반환한다는 말을 들으면 어떨까? 그런 조건이라면 안심하고 구매할 수 있다.

손실 회피 심리는 다양한 형태로 소비자의 구매 행동을 억제한다. 그렇게 해서 자신을 지킨다는 의미가 있지만, 반대로 **손실 회피가 보장된다면 소비자의 구매 행동은 촉진된다.**

▌프로스펙트 이론에서 본 손실 회피 경향

이와 같은 기본적 인간 심리를 더 실용적인 개념으로 정리한 것이 노벨 경제학상을 수상한 심리학자 대니얼 카너먼과 아모스 트버스키가 주장한 프로스펙트 이론에 따른 손실 회피 경향이다.

이 경향을 응용해 행동경제학에서는 **우리가 '이익을 높이는 일'보다 '손실을 줄이는 일'에 더 집착**하기 때문에 이익보다 손실이 의사 결정에 큰 영향을 미친다고 본다.

그들은 다음 표에 제시한 문제를 예시로 들면서 손실 회피 경향을 설명한다.

문제 1에서는 많은 사람이 위험을 피하려는 마음에 확실히 900달러를 확보할 수 있는 선택지 ①을 고른다. 확실하게 900달러를 받는 것의 주관적 가치는 90%의 확률로 1,000달러를 받는 것의 주관적 가치보다 크다.

하지만 문제 2에서는 많은 사람이 손실이 커질 가능성이 90%여

문제 1 다음 중 어느 쪽을 선택할 것인가?

1 확실하게 900달러를 받는다.

or

2 90% 확률로 1,000달러를 받는다.

문제 2 다음 중 어느 쪽을 선택할 것인가?

1 확실하게 900달러를 잃는다.

or

2 90% 확률로 1,000달러를 잃는다.

문제 3 누군가가 당신에게 동전 던지기 내기를 권했다. 뒷면이 나오면 100달러를 내고 앞면이 나오면 150달러를 받는다. 이 내기에 구미가 당기는가? 당신이라면 하겠는가?

도 손실을 피할 수 있는 10%의 가능성에 거는 선택지 ②를 고른다. 확실하게 900달러를 잃어버리는 주관적 가치는 90%의 확률로 1,000달러를 잃어버리는 주관적 가치보다 크기 때문에 확실한 손실을 피하려고 한다.

문제 3은 앞면이 나올지 뒷면이 나올지 확률이 50대 50이고, 내야 할 가능성이 있는 금액(100달러)보다 받을 가능성이 있는 금액(150달러)이 더 많아 내기의 기대치는 확실하게 플러스다. 즉 돈을 벌확률이 분명 높다. 그런데도 많은 사람은 그 내기에 매력을 느끼지 못해 하려고 하지 않는다. 이는 100달러를 잃을지도 모른다는 공포심이 150달러를 딸지도 모른다는 기대감보다 강하기 때문이다.

다양한 연구 결과를 바탕으로 카너먼은 '**손실을 이득보다 크게 느낀다**'는 결론에 도달했다. 이런 심리를 손실 회피 경향이라고 한다.

▮손실 회피 심리가 소비 행동을 좌우한다

앞에서 언급한 금융 상품의 예에서는 두 배나 세 배가 될지도 모른다는 가능성보다 반으로 줄 수도 있다는 가능성을 더 무겁게 느껴 쉽게 가입하지 못한다. 또 주식 투자에서 주가가 갑자기 하락해 원금을 손해 봤을 때 확실한 손실로 받아들이지 못하고 언젠가 다시오를 거라는 가능성에 희망을 걸고 팔지 않고 버티다 바닥까지 떨어져 더 큰 손해를 보는 경우, 손실 회피 심리가 얼마나 강한지 잘보여준다.

체험 기간이 있는 상품의 예에서는 체험 기간이 있으니 손실 회피가 보장돼 안심하고 구매할 수 있을 뿐이다.

가격을 한번 내리면 가격을 원래대로 다시 올리기 어려운 이유도 **가격 인하가 주는 이득보다 가격 인상(가격을 원래대로 올리는 일)이 주는 손실이 심리적으로 더 크게 느껴져 소비를 주저하기 때문이다.**

47 _ 세그먼테이션

취향 차이에 대응하는 방법

Question

만들기만 하면 팔리던 시대는 끝났다, 지금은 마케팅 시대다, 소비자의 욕구를 얼마나 만족시키는지가 승패를 좌우한다고들 합니다. 그래서 소비자의 욕구를 파악하기 위해서는 세그먼테이션이 필요하다고 들었습니다. 조금 어려운 말이라 잘 이해되지 않는데, 어떻게 하면 좋을까요?

뭐든 부족했던 시대에는 좋은 물건만 만들면 날개 돋친 듯 팔렸지만, 뭐든 풍요로워진 지금은 소비자의 욕구를 어떻게 채울지 고민해야 한다. 그래서 마케팅이 필요하다.

마케팅에서 세그먼테이션의 중요성을 상징하는 유명한 일화가 있다. 1908년에 많은 소비자가 구매할 수 있는 가격에 성능이 좋은 승용차를 개발한 포드는 당시 큰 성공을 거머쥐었다. 하지만 그리 길게 가지 못했다. 경쟁사인 GM이 등장하는 바람에, 결국 1927년에는 생산을 중단하는 상황까지 내몰렸다.

GM은 1921년에 심리조사과를 설치해 소비자의 욕구를 조사했고, 낮은 가격대에서 높은 가격대까지 다양한 차종과 다양한 색상의 차를 준비해 소비자가 자유롭게 선택할 수 있도록 했다. 싸고 좋은 물건만 만들면 팔리던 시대는 이미 지나갔다는 의미다.

이 일화는 두 가지 중요한 점을 시사한다.

하나는 소비자의 심리를 파악하지 못하면 아무리 싸고 좋은 물건을 만들어도 팔리지 않는다는 점이다. 여기서 마케팅의 존재 의의가 분명하게 드러난다.

또 하나는 소비자가 어떤 욕구를 느끼고 어떤 물건을 가지고 싶어 하는지를 파악하는 일이 중요한데, 사람마다 욕구의 우선순위가 다르다는 점이다. 다양한 가격과 색상으로 상품의 구색을 갖추는 이유도 이런 개인차에 대응하기 위해서다. 여기서 급부상한 개념이 세그먼테이션(Segmentation)이다.

▌시장의 세분화

소비자의 욕구를 충족시키는 상품을 개발하고 제공하려 하지만 사람마다 원하는 물건과 가치를 두는 부분이 다르다. 그렇다고 사람마다 원하는 물건이 다르다는 생각만 하면 마케팅에 활용할 수 없다. 그래서 어느 정도 공통점을 찾아 소비자를 몇 개의 집단으로 나누고 각 집단에 맞는 상품을 개발해서 제공하는 대응법이 부상했다. 이 방법이 세그먼테이션(세분화, 여기서는 시장의 세분화)이다.

세그먼테이션은 소비자의 다양한 니즈에 대응할 수 있도록 대상 소비자를 몇 가지 계층으로 세분화하는 것을 의미한다. 세분화한 다음 각 계층의 소비자가 가진 욕구의 특징을 파악해서 이에 맞는 상품을 개발하고 상품의 구색을 갖춰 구매를 촉구한다. 또는 특정 계층으로 대상을 좁혀 그들에게 특화된 상품을 개발하거나 제공한다.

앞에서 언급한 승용차 사례를 보면 색상과 디자인을 무엇보다 중요하게 생각하는 소비자도 있고, 성능을 중시하는 소비자도 있다.

또는 만에 하나 충돌사고가 났을 때 안전성을 고려해 차체의 재질을 중요하게 보는 소비자도 있고, 가격을 중시하는 소비자도 있다. 그래서 멋진 디자인을 장점으로 내세운 승용차, 고성능을 내세운 승용차, 안전성을 장점으로 꼽는 승용차, 적당한 가격이 매력인 승용차 등으로 세분화하고 각각의 소비자를 위한 상품을 개발해 시장에 내놓는다.

▌세그먼테이션의 기준

세그먼테이션할 때는 나이, 성별, 주거 형태, 가족 구성 등 인구통계학적 특성과 직업, 연봉, 학력 등 사회경제적 특성을 이용한다.

예를 들면 혼자 사는 20대 미혼 남성과, 아내와 아이가 있는 30대 남성은 당연히 외식 빈도와 쓰는 금액, 외식할 때 가는 매장이 모두 다르다. 30대 기혼 여성이라도 맞벌이 여성과 전업주부는 심리적 지갑의 종류도, 각 지갑의 허용 금액도 다르다.

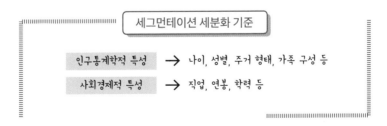

세그먼테이션 세분화 기준

| 인구통계학적 특성 | → | 나이, 성별, 주거 형태, 가족 구성 등 |
| 사회경제적 특성 | → | 직업, 연봉, 학력 등 |

이러한 차이를 파악해 각 계층에 어울리는 상품과 서비스를 개발하면 소비자의 욕구에 맞춰 서비스를 제공할 수 있어 구매 촉진 효과를 기대할 수 있다.

▌심리적 세분화

똑같이 혼자 사는 20대 미혼 남성이라도 사람에 따라 욕구와 행동 패턴이 다르다. 요리하는 사람과 요리하지 않는 사람은 외식의 빈도가 다르고, 외식을 가끔 하는 사람과 일상적으로 하는 사람은 가는 매장의 종류도, 외식 한 번에 허용하는 예산도 다르다.

같은 나이대 회사원 중에도 매일 카페를 이용하는 사람과 가끔 이용하는 사람은 카페를 이용하는 목적도 다르고, 한 번에 사용하는 예산도 다르다.

이런 차이를 고려해서 어느 정도 그룹화하면 좀 더 욕구에 적합한 상품과 서비스를 제공할 수 있다.

그래서 심리적 세분화segmentation psychographic가 등장했다. **심리적 세분화는 인구통계학적 특성과 사회경제적 특성 외에 취미, 관심 분야, 가치관, 성격, 행동 패턴 등 심리학적 특성이 가미된 세분화**를 한다.

물질적으로 빈곤해서 생활필수품 구매 중심이었던 시대에는 인구통계학적 특성과 사회경제적 특성만으로 충분했을지 모르지만, 물질이 넘쳐나고 욕구 충족이 중심인 시대에는 심리학적 특성이 중요해진다.

심리적 세분화를 하면 어떤 상품과 서비스가 욕구 충족으로 이어지는지 명확하게 알 수 있어 애써 준비한 상품과 서비스가 쓸모없어지는 일을 막을 수 있다.

심리적 세분화

심리적 세분화란…

취미, 관심 분야, 가치관, 성격, 행동 패턴 등
심리학적 특성을 가미해서 세분화하는 것.
심리적 세분화를 통해 채워야 할 소비자 욕구를
좀 더 명확하게 파악할 수 있다.

→ 어떤 가치관을 가진 사람이 무엇을 원하고
어떤 소비 행동을 보이는 경향이 있는가?

→ 어떤 성격의 사람이 무엇을 원하고
어떤 소비 행동을 보이는 경향이 있는가?

48 _ 포지셔닝

나만의 강점 만들기

Question

자사 브랜드나 매장이 경쟁사와 비교해 차별점이 없으면 소비자를 끌어들일 수 없어 포지셔닝이 필요하다고 하는데, 사실 그 의미나 방법을 잘 모르겠습니다. 구체적으로 알기 쉽게 설명해주세요.

길을 걷다 보면 비슷한 매장이 참 많다. 그래서 눈에 띄는 특징이 없으면 단골을 확보하기가 쉽지 않다.

상품도 마찬가지다. 어떤 물건이 필요해서 사러 매장에 가면 비슷한 상품이 한두 개가 아닌데 뭐가 다른지 알 수가 없어 고민하게 된다. 이때 상품이 선택을 받으려면 눈에 띄는 이점이 있어야 한다.

기술의 눈부신 발전으로 한 상품이 유행하면 다른 회사도 금세 같은 상품을 개발해서 뒤쫓아 시장에 내놓는다. 그 덕분에 비슷한 상품이 계속해서 나와 소비자는 무엇을 선택해야 할지 망설이게 된다.

아무리 훌륭한 상품이나 매장을 개발해도 눈이 휘둥그레질 만큼 새로운 것이 아니면 반드시 경쟁사가 존재하기 마련이다. 설사 처음에는 획기적인 아이디어를 바탕으로 개발했다고 해도 반드시 따라 하는 다른 회사가 나타나기 때문에 어떤 상품, 어떤 매장이라도 치열한 경쟁을 벌이지 않을 수 없다.

이런 상황에서 소비자에게 선택받으려면 남다른 매력이 필요하다. 그렇지 않으면 경쟁 관계에 있는 많은 상품과 매장에 묻혀버리고 만다.

그래서 차별화 전략이 필요하다. 그 차별화 전략이 바로 포지셔닝 (Positioning)이다.

▌차별화 전략 - 포지셔닝

경쟁이 예상되는 회사와 차별화해서 자사 상품이나 매장의 특징을 두드러지게 하려면 우선 소비자들이 경쟁 브랜드나 매장을 어떻게 생각하는지, 다시 말해 각 브랜드나 매장을 마음속에서 어떻게 인식하고 있는지, 어떤 느낌을 받는지 알아야 한다.

소비자가 가진 인식과 소비자가 느끼는 감정이라는 관점에서 경쟁 상대의 특징을 파악하면 차별화 방향이 보인다.

포지셔닝이란

포지셔닝(위치 잡기)이란……
경쟁이 예상되는 타사의 상품이나 가게와 차별화하는 전략.
소비자가 경쟁사 상품과 가게를 어떻게 인식하고
어떤 느낌을 받는지 파악한다.

그 결과와 겹치지 않도록 자사의 상품이나
가게의 특징을 비틀어 설정한다.

이때 필요한 것이 포지셔닝이다. 위치를 잡는다는 의미로 인간관계를 이해하거나 자기 자신을 이해할 때도 매우 유용한 개념인데, 마케팅에서도 자주 사용한다.

어떤 상품이나 서비스를 제공할 때 비슷한 용도의 다른 상품이나 서비스가 이미 있을 경우, 특징이 겹치면 많은 고객을 끌어오기 어렵다. 따라서 다른 회사의 인기 상품이나 서비스와 경쟁하지 않도록 특징을 살짝 비틀어야 한다.

그러려면 다른 회사의 상품과 서비스의 특징을 비교하는 몇 가지 기준 축이 필요하다. 이 축을 이용해 각 상품과 서비스의 위치를 정하고 강력한 경쟁 제품과 맞붙지 않도록 자사 제품과 서비스의 위치를 정한다.

이해하기 쉽게 좀 더 구체적인 예를 들어보자.

▌차별화를 위한 기준 설정

새로 매장을 오픈할 때는 새로운 콘셉트로 매장이 돋보여야 한다. 기존에 있던 동종업계 매장과 차별성이 없으면 그대로 묻혀버려 고객을 끌어모을 수 없다. 이럴 때 포지셔닝을 이용한 차별화를 시도한다.

포지셔닝을 하기 전에 몇 가지 기준 축 설정이 필요하다.

예를 들면 카페를 새로 오픈하는 경우 고급스러움을 추구할 것인지 저렴한 가격을 내세울 것인지 기준 축이 필요하다. 전자라면 중후함과 차분한 안락함을 얼마나 자아낼 수 있는지가 성공의 열쇠가 되고, 후자라면 원가 절감과 편의성 추구가 열쇠가 된다.

또는 독서를 하거나 사색에 잠겨 자신만의 세계에 빠질 수 있는 분위기로 만들지, 지인과 즐겁게 담소를 나눌 수 있는 분위기로 만들지 정하는 기준 축이 필요할 수도 있다. 무엇을 기준 축으로 하느냐에 따라 신경 써야 할 부분이 달라진다.

이 두 가지 기준 축을 교차시켜 같은 업종의 다른 매장을 그 좌표 축 위에 놓으면 어디에 동종업계의 매장들이 몰려 있고, 어디에 동종업계의 매장이 적은지 파악할 수 있다. 그래서 경쟁을 피하려면 어디에 위치를 잡아야 유리한지 알 수 있다.

음식점은 가격과 맛의 균형을 무기로 삼느냐, 신선한 재료를 무기로 삼느냐에 따라 신경 써야 하는 부분이 달라진다.

이처럼 **기능, 가격, 디자인, 촉감, 소재, 분위기, 내구성, A/S, 편의성 등 각 경우에 맞춰 적절한 기준을 설정**하고 동종업계 다른 회사의 상품과 매장을 포지셔닝해보면 경쟁할 부분이 어디고 경쟁 상대가 없는 부분이 어디인지 보인다. 이 부분을 확실하게 파악한 다음 경쟁사와 어떻게 차별화를 추진할지, 그러려면 무엇이 필요한지 전략을 세우고 앞으로 시장에 내놓을 매장이나 서비스의 매력 포인트를 구체화한다.

또한 기준이 두 가지면 직각으로 교차시켜 각 매장을 평면 위에 놓을 수 있는데, 기준이 세 가지 이상이면 그림으로 표현하기 어렵다.

이런 경우는 각 기준에 관한 점수를 수치화해서 표로 나타내는 방법을 사용한다.

```
┌─────────────────────────┐
│    차별화를 위한 기준 설정     │
└─────────────────────────┘

 고급스러움을 추구한다    or    저렴한 가격을 추구한다

 중후함을 내세운다      or    간편함을 내세운다

 겉모양을 중시한다     or    내용의 질을 중시한다
```

49 _ 리커버리 패러독스

불만을 효율적으로 활용하기

Question

클레임이 들어오면 머리가 아픕니다. 클레임에 잘 대응하면 오히려 더 굳건한 신뢰를 쌓을 수 있으니 대응이 매우 중요하다고들 하는데, 막무가내로 트집을 잡는 사람도 있습니다. 그럴 때마다 기분이 상하고, 정말 이렇게 불합리한 클레임까지 대응해야 하는지 고민이 됩니다. 클레임 대응에 관해 어떻게 생각하면 좋을까요?

클레임 사회라는 말이 나올 정도로 상품과 서비스 내용, 또는 직원의 태도에 관해 소비자의 불만이 계속해서 쏟아지는 시대가 되었다.

보통 상품에 문제가 있으면 생산자나 배송 기사의 실수로 보는데, 어떤 경우는 구매 후에 파손된 것 아닌지 의심스러울 때도 있다. 하지만 그런 의심을 함부로 입 밖에 낼 수는 없다.

또한 서비스 내용에 관한 클레임은 사전에 설명이 충분하지 않았다는 의미에서 서비스 제공자의 실수일 수도 있지만, 분명 제대로 설명했는데도 제대로 듣지 않고 나중에 딴소리를 하는 경우도 있다. 하지만 그렇다 하더라도 그 점을 지적하기는 어렵다.

직원의 태도에 관한 클레임은 실제로 직원의 태도가 부적절한 경우도 있지만, 직원에게 확인해보면 자신의 대응에는 문제가 없었다고 주장할 때도 있어 누구 말을 믿어야 할지 알 수 없는 경우도 있다. 실제로 상황을 인식할 때는 자신의 주관이 개입하기 때문에 어느 쪽이 옳고 그르다기보다는 인식의 차이로 인한 경우도 있다.

그래서 클레임이 들어왔을 때 누구의 잘못인지 분명하지 않아서 대응하기 어렵다는 말을 자주 듣는다. 클레임에 대응을 잘하면 고객의 마음을 붙잡을 수 있다지만, 억지 트집까지 다 받아주다가는 수습도 못 하고 직원들의 불만만 쌓일 수도 있으니 고민될 수밖에 없다.

▌클레임은 기대에 대한 배신?

기업이 클레임 대응에 특히 신경 쓰는 이유는 잘 대처하면 고객의 신뢰를 얻을 수 있기 때문이다. 최근 클레임 대응에 관한 연구 중에 리커버리 패러독스Recovery Paradox가 주목을 받고 있다.

리커버리 패러독스는 상품이나 서비스에 불만을 느낀 손님이 클레임을 걸고, 회사가 여기에 적절히 대처했을 때 그 손님의 충성도loyalty가 특별히 불만이 없었던 손님의 충성도보다 높아진다는 모순을 의미한다. 즉 **클레임에 잘 대처하면 불만이 없는 고객보다도 더 자사의 상품과 서비스에 호의적인 고객을 얻을 수 있다.**

많은 연구를 통해 이런 모순이 존재한다는 것이 증명되었다. 예를 들면 클레임에 대한 신속한 대응과 금전적 보상이 클레임 대응 만족도와 재구매 의욕을 높인다는 것이다. 클레임에 신속하고 적절하게 대처하면 고객의 신뢰와 믿음이 더욱 굳건해져 거래 증가와 재구매로 이어지고, 좋은 평판이 입소문을 타고 퍼져나갈 수도 있다.

리커버리 패러독스란?

불만을 가진 고객의 클레임을 잘 처리하면
그 고객의 충성도(loyalty)가 불만이 없었던
고객의 충성도보다 높아진다는 모순

클레임에 잘 대처하면
오히려 더 호의적인 고객을 얻을 수 있다

　또한 클레임 행동에 관한 연구의 기초를 세운 정치경제학자 앨버트 허슈먼Albert Hirschman은 고객이 클레임을 거는 이유는 불만을 느껴서가 아니라 상품과 서비스 개선을 기대하기 때문이라고 말했다.

　불만을 느낀 고객이 전부 클레임을 걸지는 않는다. 클레임은 이 상품을 다시는 사지 않겠다고 결심하고도 또 사버리는 충성도 높은 고객(그 기업 상품에 믿음이 있는 고객)이 건다. 충성도 높은 고객은 그 상품을 사지 않는 것보다 클레임을 거는 편이 결론적으로 만족할 만한 상품과 서비스를 얻을 수 있다고 기대한다.

　이렇게 생각하면 불만을 제기하는 손님이야말로 소중하게 생각해야 하며, 클레임을 꺼리기보다 하나의 기회로 생각해 신속하고 적절하게 대응해야 한다.

▎의연한 대응이 필요한 경우

이런 생각이 퍼져나가면서 모든 기업에서 클레임 처리를 중요시하게 되었다.

하지만 인터넷 시대가 되고 누구나 불특정 다수에게 쉽게 클레임을 걸 수 있게 되면서 클레이머라는 말까지 생겨났으니, 클레임을 거는 고객의 성질도 크게 변하지 않았을까?

그 상품과 기업에 믿음이 있어서 개선을 기대하는 것이 아니라 오히려 평소에 쌓은 울분을 터뜨리고 싶어서('29_욕구불만-공격 가설' 참고) 누가 실수를 했나, 어느 기업이 실수를 했나 호시탐탐 먹잇감을 노리는 사람들도 있다. 그들은 불량이 있는 상품이나 트집을 잡을 만한 서비스나 직원의 태도를 찾아내 인터넷에 클레임을 올리고, 악평을 확산시키면서 욕구불만을 해소하고 자기 효능감(어떤 일을 성공적으로 수행할 수 있는 능력이 있다고 믿는 신념-옮긴이)을 얻으려 한다. 요즘에는 이런 사람이 많아졌다.

기업이나 매장에 직접 문제를 통보하지 않고 갑자기 누구나 볼 수 있는 인터넷에 올리는 행동이 그 증거다. 아무리 봐도 그 기업이나 매장을 위해서 하는 행동 같지 않다. 그저 악평을 퍼트려 그 기업이나 매장을 궁지에 몰아넣으려는 행동으로밖에 보이지 않는다.

그래서 이제는 클레임을 거는 사람이 반드시 자사와 자사 제품, 서비스에 호의적인 사람이라고 볼 수도 없다. 불합리한 클레임에 굴복하면 클레임을 건 사람은 자기 효능감을 높이고 더 많은 클레이머를 만들어가며 기업이나 매장을 괴롭힐지도 모른다.

그러니 불합리한 클레임이 확실하다면 의연한 태도를 보여야 한다.

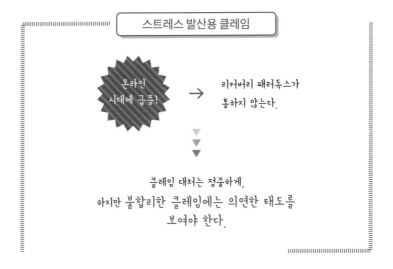

스트레스 발산용 클레임

온라인
시대에 급증!   →   리커버리 패러독스가
통하지 않는다.

클레임 대처는 정중하게,
하지만 불합리한 클레임에는 의연한 태도를
보여야 한다.

50 _ 입소문 효과

부정적 정보가 쉽게 퍼지는 이유

Question

온라인 시대가 되면서 누구든 편하게 자기 의견을 공개할 수 있으니, 실수로 소비자의 마음을 상하게 하기라도 하면 무슨 댓글이 달릴지 몰라 서비스 산업을 운영하는 사람으로서 솔직히 전전긍긍합니다. 주관적인 내용에 일부러 쓴 댓글임이 분명하고 신뢰할 수 없는 악플인데도 진지하게 받아들이는 사람이 많아 매장이 손해를 입는 이유는 무엇일까요? 사람들이 댓글을 조금만 더 냉정하게 판단해주기를 바랄 뿐입니다.

온라인 시대가 되면서 누구나 상품과 서비스, 매장, 숙박 시설 등의 평가와 평판을 손쉽게 온라인상에 올릴 수 있어 입소문의 위력이 매우 강력해졌다. 예전에 엘리후 카츠(Elihu Katz)와 폴 라자스펠드(Paul Lazarsfeld)는 입소문의 영향력은 라디오 광고의 두 배, 대면 판매의 네 배, 잡지 광고의 일곱 배라고 했다. 그 후 인터넷이 보급되고 이를 매개로 한 입소문이 등장했다. 오프라인 입소문 시대와 비교하면 그 효과가 비약적으로 증가했다.

이런 효과를 누구나 피부로 느끼다 보니 체험 후기 사이트를 운영하는 회사도 등장했고, 많은 소비자가 그 사이트의 입소문을 참고해 상품을 구매하거나 이용할 매장과 숙소를 정한다. 하지만 여기에는 곳곳에 함정이 도사리고 있다.

같은 상품과 서비스를 제공하는 경쟁사나 동종업계 매장이 상대를 끌어내리는 수단으로 체험 후기 사이트를 이용하는 일이 실제로 일어나고 있다.

또 편향된 감수성과 자기중심적인 사고를 가진 사람, 공격적인 성향의 사람이 별것도 아닌 직원의 말 한마디에 화를 내며 그 직원과 매장을 헐뜯는 댓글을 다는 경우도 있다.

사실 이런 체험 후기를 읽는 일반 소비자는 올라온 댓글이 정말인지 아닌지 판단할 수가 없다. 그렇지만 거짓이라고 확신할 만한 단서도 없으니 댓글 내용이 신경 쓰여 다른 상품을 사거나 다른 매장으로 가게 된다.

따라서 상품을 제조하고 판매하는 회사도, 판매점, 음식점과 숙박 시설도 온라인에 떠도는 입소문에 민감할 수밖에 없다.

입소문의 영향력

예전에 입소문의 영향력은

라디오 광고의 2배, 잡지 광고의 7배였다.

온라인 시대가 되면서…

입소문의 위력이
비약적으로 증가

→ 온라인상 입소문은 대면 입소문에 비해 확산력이 있고 기록이 남는다.

→ 기업이 예산을 사용해 내보내는 광고와 달리 입소문은 믿을 수 있다고 생각하기 때문에 온라인 입소문을 이용한 상업적인 전문 업체도 나타났다.

입소문의 영향력

기업이 기획해서 대중매체를 통해 퍼뜨리는 광고와 달리 소비자 사이에서 자연스럽게 정보가 퍼지는 현상이 입소문이다. 따라서 광고보다 믿을 수 있다는 인식이 많다.

예전에는 일반적으로 대면 커뮤니케이션을 통해 정보가 퍼졌지만, 요즘에는 인터넷을 이용한 소통이 활발해지면서 온라인이 입소문의 중심이 되었다.

실제로 트위터나 블로그, 페이스북, 인스타그램과 같은 SNS의 댓글과 사진을 계기로 특정 상품과 매장, 이벤트, 장소가 주목을 받고 사람들의 발길이 끊이지 않는 일을 흔치 않게 볼 수 있다.

온라인 입소문에는 과거 대면 커뮤니케이션을 통한 입소문과 비교해 다음과 같은 특징이 있다.

첫째, 대면 커뮤니케이션은 전할 수 있는 인원수가 한정적이었지만 온라인 입소문은 현실에서 만날 일이 없는 불특정 다수에게도 정보가 흘러들어가기 때문에 순식간에 퍼진다.

둘째, 대면 상황에서 한 말은 그 자리에서 사라지지만 온라인에 올린 정보는 기록으로 남아 언제까지나 영향력을 행사한다.

입소문의 영향력에 관해서는, 음식점을 고를 때 38%의 사람이 입소문 정보를 참고한다는 보고와 영화의 흥행 수입이 입소문에 큰 영향을 받는다는 보고가 있다.

SNS 신규 가입자를 확보하기 위한 광고 활동 효과를 비교한 연구에서는 **언론을 매개로 한 PR과 이벤트 효과는 며칠밖에 안 갔지만, 입소문 효과는 3주 동안 이어졌다**는 결과를 얻을 수 있었다.

▌부정적인 정보의 입소문 효과는 절대적이다!

입소문으로 전해진 긍정적인 정보와 부정적인 정보를 비교하면 부정적인 정보의 영향력이 더 크다. 이와 관련해 주디스 슈발리에Judith Chevalier와 디나 메이즐린Dina Mayzlin은 아마존과 반스앤노블(미국 대형 서점 체인 - 옮긴이)의 인터넷 서점을 대상으로 벌인 조사에서 서점의 매출은 긍정적인 리뷰(별점 다섯 개)보다 부정적인 리뷰(별점 한 개)의 영향을 더 많이 받는다는 사실을 확인했다.

이는 손실 회피('46_손실 회피' 참고)와 연관된 부정 편향이 작용하기 때문이라고 볼 수 있다. 부정 편향은 부정적인 정보에 특히 신경을 쓰는 우리의 심리 경향을 의미한다. 우리는 이익을 늘리기보다는 손실 회피 욕구가 강하며, 부정적인 사태에 빠지는 일이 두려워 이런 정보에 특히 민감하게 반응한다.

따라서 **입소문으로 생긴 부정적 정보의 영향력을 무시해서는 안 된다.** 실제로 입소문으로 나쁜 정보가 퍼져 위험한 상황에 빠졌던 매장도 있다. 그러다 보니 입소문을 이용한 전략을 쓰는 기업과 매장까지 나타나기 시작했다.

원래 입소문은 비영리적인 정보의 흐름으로 영리적인 광고보다 믿을 수 있다고 여겨졌으나 이제는 영리적, 작위적인 입소문이 존재해 그런 순진한 생각은 위험할 수 있다.

따라서 소비자는 입소문을 진짜라고 믿지 않고 스스로 신중하게 판단하는 자세를 갖춰야 한다. 또 상품과 서비스를 제공하는 측은 **입소문으로 인한 작위적 악평이 주는 피해를 막기 위해 소비자의 의견을 직접 듣고 처리하는 시스템을 스스로 구축하거나, 업계가 힘을 모아 독자적인 체험 후기 사이트를 운영하는 방법 등 새로운 아이디어를 찾아야 한다.**

이은혜 옮김

대학에서 기계공학을 전공하고 엔지니어로 일했지만, 행복한 인생을 위해 다시 공부를 시작했다. 이화여자대학교 통번역대학원에서 번역을 공부하고 일본어 전문 번역사로 일하면서 행복을 찾아가고 있다. 주요 역서로는 《나는 뭘 기대한 걸까》 《상대방을 설득하는 아이디어 과학》 등이 있다.

출근길 심리학

초판 1쇄 인쇄 2021년 1월 11일
초판 1쇄 발행 2021년 1월 15일

지 은 이 에노모토 히로아키
옮 긴 이 이은혜
발 행 인 한수희
발 행 처 KMAC
편 집 장 이창호
책임편집 최주한
홍보·마케팅 김선정, 박예진, 이동언
디 자 인 이든디자인
본문삽화 장원희
출판등록 1991년 10월 15일 제1991-000016호
주   소 서울 영등포구 여의공원로 101, 8층
문의전화 02-3786-0752 **팩스** 02-3786-0107
홈페이지 http://kmacbook.kmac.co.kr

ISBN 978-89-90701-43-5 13320
값 15,000원
잘못된 책은 바꾸어 드립니다.